项目资助：国家社科基金艺术学项目（13CB121）

城市轨道交通站点空间的节约型设计策略与实践研究

赵忠超　著

河海大学出版社
HOHAI UNIVERSITY PRESS
·南京·

图书在版编目(CIP)数据

城市轨道交通站点空间的节约型设计策略与实践研究/
赵忠超著. — 南京 ：河海大学出版社，2019.9
ISBN 978-7-5630-5728-3

Ⅰ. ①城… Ⅱ. ①赵… Ⅲ. ①地下铁道车站—工程设计—研究—中国 Ⅳ. ①U231.4

中国版本图书馆 CIP 数据核字(2019)第 218422 号

书　　名 城市轨道交通站点空间的节约型设计策略与实践研究
书　　号 ISBN 978-7-5630-5728-3
责任编辑 周　贤
责任校对 卢蓓蓓
装帧设计 张育智　吴晨迪
出版发行 河海大学出版社
地　　址 南京市西康路 1 号(邮编:210098)
电　　话 (025)83737852(总编室)　(025)83722833(营销部)
经　　销 江苏省新华发行集团有限公司
排　　版 南京布克文化发展有限公司
印　　刷 虎彩印艺股份有限公司
开　　本 787 毫米×1092 毫米　1/16
印　　张 12
字　　数 203 千字
版　　次 2019 年 9 月第 1 版
印　　次 2019 年 9 月第 1 次印刷
定　　价 88.00 元

前言

Preface

资源短缺与能源匮乏是世界各国共同面临的严峻挑战，为此，我国政府明确提出，要加快建设资源节约型、环境友好型社会。与发达国家相比，我国建筑业依然没有摆脱粗放、低效的增长模式，轨道交通建筑亦是如此。当前，国内外学者对轨道交通建筑室内空间设计的研究主要集中在人性化、艺术化、文化性、地域性及技术性几个方面，较少关注其节约性，因此，从节约的视角研究轨道交通建筑室内空间的设计问题有一定的理论价值和迫切的现实意义。

鉴于地铁是轨道交通最主要的形式，因而，本书以地铁车站建筑的地下站为研究载体，重点研究其室内空间界面和照明的节约型设计问题，旨在创新性地构建科学、系统及具有可操作性的节约型设计策略体系。首先以现状调研为基础，采用比较研究的方法总结车站界面与照明设计存在的问题，分析其成因，进而在节约型设计理论的指导下，结合设计实践经验，采用归纳法提出地铁车站空间的节约型设计基本原则；接下来采用案例分析法论证界面与照明设计的节约型应对策略，并采用实证法，通过实际项目应用、检验、修正、充实前期理论，最后总结前期成果，获得研究结论。

本书的研究核心是地铁车站空间的节约型设计原则与策略，设计原则包括“一线一景”、标准分级、整体性和适宜性；界面设计策略包括装饰体系的标准化与模块化、装饰界面选材的综合比较、展示建筑的形态美、体现管线的技术美及顶面被动优化设计；照明设计策略包括充分利用自然光、优选照明光源、基于规范与非均质的照度设计及合理采用照明控制方式、实施动态照明。这些原则与策略不仅是对已有相关研究的进一步完善和深化，且部分内容与观点创新性较强，具体如下：(1)在车站分级原则的研究上，基于室内设计视角，提出了重点站、一般重点站、标准站的分级方法和标准；(2)在适宜性原则研究上，提出了“以实用为主，形式和意义为辅”的适宜性设计评价标准；(3)在界面选材综合比较策略研究上，总结出了地铁车站对材料特性的基本要求，并在分析常用材料优缺点的基础上，提出了按站点选材和按部位选材两种节约型设计选材策略；(4)在体现管线技术美的策略研究上，明确提出了地铁车站的管线与设备具有秩序美和技术美的观点，并以此为基础建议车站吊顶采用无吊顶模式和极简吊顶模式；(5)在照度设计策略研究上，提出了基于车站标准和车站具体功能的非均质照明设计策略与基本操作方法。

本书理论结合实践、图文并茂、基础资料翔实、研究结论明确。在学术上，不仅可以丰富和完善可持续室内空间设计理论体系，弥补我国轨道交通站点空间节约型设计理论的缺失，也是对已有绿色、可持续设计理论的进一步完善和扩展；在实践上，将节约型设计理念融入站点空间的设计与建设，对促进我国轨道交通工程的可持续发展，有一定的现实意义。

赵忠超

2019 年 7 月于泉城

目录

contents

第一章 绪论

1.1 研究背景和意义

1.1.1 研究背景

资源与能源是社会发展的基础，需要数十亿年的沉积、转化才能形成，且蕴藏量有限。然而，工业革命以来，由于全球人口增长和世界经济的持续繁荣，人类对资源、能源的使用量迅速增加，加之使用的不节制性，最终导致世界范围内出现了能源紧缺与资源匮乏的局面，全球环境也遭到了极大的破坏。相关研究表明，1804 年之前，全球人口仅有 10 亿，然而，20 世纪却出现了爆炸式增长，世界人口从 1900 年的 16.5 亿增至 1999 年的 60 亿，尽管当前人口增长率已从高峰期的 2.04%降至 1.3%，但预计人口数量在 2100 年将达到 94.6 亿①。另外，1970 年以前，世界经济空前繁荣，社会鼓励以大量消费刺激经济发展，甚至打出"消费就是美德"的极端口号。以建筑业为例，在现代技术的支撑下，在消费至上理念的影响下，建筑内全天候开启中央空调、24 小时供应热水、人工照明彻夜不熄成为一种常态，恣意浪费着地球的资源与能源。1964 年的"未来主义建筑宣言"，更鼓励人们建立最浪费的都市形式②。幸运的是，1972 年，由全球 100 位在各领域有影响力的人物组成的罗马俱乐部发表了《成长的极限》研究报告，轰动了全球。

---

① Jones L. Environmentally responsible design[M]. New York: John Wiley & Sons, Inc, 2008.

② 林宪德. 绿色建筑[M]. 北京：中国建筑工业出版社，2011.

报告指出：地球生态的限制会对全球发展产生重大影响，人类使用的不可再生资源，都将在未来20～50年内消耗殆尽，如果届时没有可替代手段，人类生活水平将倒退几百年①。这一预测当时受到了极大的质疑，然而，次年就发生了令人震惊的第一次世界石油危机，5年后又发生了第二次世界石油危机。人类开始意识到，地球的资源已难以承载数量庞大的人口，在没有找到替代手段之前，如果再不节制使用资源与能源，人类很快就会面临各种资源枯竭的困境。

人口多、资源少、环境承载力弱是我国的基本国情。中华人民共和国成立以来，我国多次开展过节约资源、保护环境的活动；改革开放以后，党中央、国务院更加重视节约工作，也取得了很大成绩，节能、节水、节材、节地工作取得了一定成效。但总体而言，我国粗放型的经济发展方式并没有根本转变，资源利用效率低、环境污染严重等问题也未得到有效解决。21世纪以来，随着我国经济规模的进一步扩大，城市化与工业化的全面发展，资源短缺的压力越来越大，对经济增长的刚性约束凸显②。在此背景下，党的十六届五中全会明确提出：要加快建设资源节约型、环境友好型社会，大力发展循环经济，加大环境保护力度，切实保护好自然生态，认真解决影响经济社会发展特别是严重危害人民健康的突出的环境问题，在全社会形成资源节约的增长方式和健康文明的消费模式。

建筑业对资源、能源的依赖及对环境的破坏是很大的。据联合国环境规划署(UNEP)估计：全球建筑消耗了地球能源的40%、水资源的20%、原材料的30%，同时产生了38%的固体废弃物。也有相关研究表明③：资源方面，全球50%的土地、木材、矿石被用于建筑；45%的能源被用于建筑的供暖、照明、通风，5%的用于其他设备制造；40%的水资源被用于建筑维护，16%的水资源用于建筑建造；60%的良田用于建筑开发；70%的木制品用于建筑，建筑业已成为最不可持续发展的产业。至今为止，我国建筑业依然没有摆脱粗放、低效的增长模式，主要表现为土地利用效率低、可再生能源建筑应用程度不高、水资源再生利用水平差、生态保障能力不足、建筑使用寿命短、建筑用

① http://baike.so.com/doc/8676441-8998113.html

② http://www.china.com.cn/chinese/zhuanti/2006cxbg/1159574.htm

③ 姚润明，李百战，丁勇，等. 绿色建筑的发展概述[J]. 暖通空调，2006，36(11)：27-32.

材消耗高、建筑垃圾回收利用率低，各种浪费现象比较突出①。就使用能源的产业而言，可将其分为 3 大块，即工业、交通与建筑，其中，建筑业的耗能最高。以美国为例，2008 年，美国建筑总能耗占全球一次能源总消耗的 8%，占全国总能耗的 40%，相比交通与工业的能耗，分别多出了 43%和 24%，另外，据美国能源部的统计数据显示，美国建筑能耗占全国总能耗的比重呈逐年增加的趋势②。据调查分析，我国的建筑能耗已占全社会总能耗的 28%，依据发达国家的经验，随着居民生活水平的提高，到 2025 年，这一比例会逐步增加到 40%左右③。面对资源与环境的危机，建筑行业要求可持续发展的呼声日益高涨④：1976 年，联合国在温哥华召开了第一次“人居环境会议”，讨论了住宅、基础设施建设、可持续供给等问题；1981 年，第十四次国际建筑师大会召开，会议主题为“建筑、人口、环境”，讨论了经济发展失衡，人口增长，环境、资源及能源危机等问题；1993 年，第十八次国际建筑师大会召开，会议发表了《芝加哥宣言》，以“处于十字路口的建筑——建设可持续未来”为主题，号召全世界建筑师以环境的可持续发展为职责，掀起了绿色建筑的旗帜。在全球危机的形势下，世界范围内追求建筑可持续发展的呼吁四起。

众所周知，轨道交通具有运量大、舒适性好、快速准时、节约环保、安全高效等优势。发展轨道交通是发达国家城市化进程中解决交通与环境问题的成熟经验，“公交优先”也是许多发达国家的交通管理模式。以东京和伦敦为例，轨道交通分别承担了 86%和 71%的城市客运量，是市民出行的主要方式⑤。除发达国家外，一些新兴工业化国家和地区也在大力发展轨道交通。随着我国城镇化发展进程加快，大中城市的交通拥堵问题日益突出，急需发展城市轨道交通以解决这一问题。进入 21 世纪，我国的轨道交通工程建设取得了巨大的成绩，截止到 2014 年 12 月，我国开通轨道交通的城市已有 25

---

① 张建国，谷立静. 我国绿色建筑发展现状、挑战及政策建议[J]. 中国能源，2012，34(12)：19-24.

② 许鹏，殷荣欣，朱亚明，等. 美国建筑节能研究总览[M]. 北京：中国建筑工业出版社，2012：24.

③ 住房和城乡建设部科技发展促进中心. 中国建筑节能发展报告 2010[M]. 北京：中国建筑工业出版社，2011.

④ 林宪德. 绿色建筑[M]. 北京：中国建筑工业出版社，2011.

⑤ 王逸松. 国外城市轨道交通建设及其对我国发展轨道交通的启示[J]. 铁道通信信号，2000，36(1)：32-34.

座(港台地区 3 座),运营线路共计 100 条(港台地区 17 条),运营线路总长 3 055.6 km(港台地区356 km),运营车站共计 2 027 座(港台地区 257 座)①。有学者认为,修建地铁和轻轨已是各大城市基础建设的必要内容,是现代化大都市的标志,未来 5～10 年将是中国城市轨道交通产业大发展的黄金时期②。事实上,轨道交通产业已经成为我国经济发展的新兴支柱和朝阳产业,许多大中型城市也具备了建设城轨的实力、基础与条件,21 世纪将是我国城市轨道交通产业的黄金发展期。

然而,轨道交通是一项规模大、造价高、技术复杂、运营成本高的项目,资料表明③:在建设投资上,轨道交通地面线的建设费用约 3 亿元/km,地下线约 5 亿元/km～8 亿元/km,地铁每千米造价是轻轨的 2～4 倍,是高速公路的 6～10 倍;在运营维护上,世界各国的地铁几乎都是亏本运营,即使相对成功的中国香港地区的地铁(其收入的一半来自沿线房产开发和商业物业),也是运营 20 年后才进入盈利期。以北京地铁 1、2 号线为例,全年的票款收入为 530 万元/km～900 万元/km,但运营成本达 900 万元/km～1 230 万元/km,可以说,轨道交通开通的越多,就亏得越多。在能源消耗方面,轨道交通已成为城市用电的大户,初步统计数据显示,每千米总耗电量约 0.4 万～1.6 万 kW/h。当然,不同线路的耗电差别也很大,总体而言,高架站、地面站耗能低于地下站,地下站能耗约是地面和高架站的 2.5 倍(也有研究认为可高达 5 倍)。李京文院士认为④,国际上地铁建设项目的造价比我国一些城市的地铁建设项目造价要低。一般而言,我国建材价格和劳务价格均低于发达国家,同类建设工程价格应低于国外,当前状况值得反思。他还指出,轨道交通的主要功能是缓解交通拥堵、方便出行,应合理控制车站规模和投资(车站造价是区间隧道造价的 10 倍左右),当前车站规模较大、装修过度,把轨道交通建成“面子工程”和“形象工程”,这些都是导致造价居高不下的因素。显然,轨道交

---

① 刘仲,顾保南,孙世超,等. 2014 年中国城市轨道交通运营线路统计和分析——中国城市轨道交通“年报快递”之二[J]. 中国城市轨道交通研究,2015(1):1-6.

② 梁宁慧,刘新荣,曹学山,等. 中国城市地铁建设的现状和发展战略[J]. 重庆建筑大学学报,2008,30(6):81-85.

③ 李晓松. 对城市轨道交通可持续发展的思考[J]. 城市交通,2006,4(2):6-10.

④ 李兴高. 降低造价 建设节约型城市轨道交通——中国社科院学部委员、中国工程院院士李京文专访[J]. 都市快轨交通,2006,19(5):4-5.

通建筑的节约型设计不仅是当前国际形势下的国家发展战略需要，也是降低工程造价、减少运营和维护费用的现实需求。交通站点空间的室内设计与装修，作为土建工程的重要环节之一，也应尽快走上节约型发展之路。

1.1.2 研究意义

近十几年，随着我国城市轨道交通工程建设的升温，站点空间设计开始受到学界的关注，但从节约的视角研究站点空间设计的理论却比较少，仅有个别文献涉及其中部分内容。鉴于此，本研究具有积极的理论意义，不仅可以丰富和完善可持续室内空间设计理论体系，还可以弥补我国轨道交通站点空间节约型设计理论的缺失，同时，也是对已有绿色、可持续设计理论的进一步完善和扩展。

尽管世界上第一条轨道交通线建成距今已有 150 余年的历史，但我国的城轨建设起步较晚，2003 年之前，仅有北京、天津、上海和广州 4 个城市拥有可以运营的地铁。然而，随着我国经济实力的提升和出于改善城市交通的迫切需要，近几年，国内各大城市掀起了一股轨道交通建设的浪潮。但是，由于设计实践缺少专业的理论指导，我国的轨道交通站点空间环境存在着严重的资源能源浪费现象，这与政府大力倡导的走节约型社会之路明显相悖。因而，将节约的理念融入站点空间设计与建设，对促进轨道交通工程的可持续发展，具有重要的现实意义。

1.2 节约型设计及相关概念辨析

节约型设计的概念源于党的十六届五中全会建设节约型社会的战略理念。节约型社会倡导提高资源利用率，以尽可能少的资源消耗满足人们日益增长的物质文化需求，保护生态环境，实现人与自然的和谐发展。换言之，节约型社会资源消耗少，环境污染少，经济、社会效益好，具有可持续性。同理，节约型设计是指在产品的全寿命周期中，科学合理地配置资源，最大限度降低资源消耗，循环利用资源，减少环境污染，使资源配置最优化，实现经济社会和生态的可持续发展①。然而，在节约型设计实践过程中，人

① 魏小红，刘子建. 节约型设计的构建思想与方法[J]. 包装工程，2006，27(2)：257-259.

们对这一理念还存在一些认识上的误区，主要表现如下①：节约型设计是通过设计节约材料；节约型设计是使用低价材料；节约型设计是降低成本；节约型设计是简化设计。诚然，上述认识有其合理的一面，但理解过于偏颇，没有从系统性和全面性的角度认识节约型设计。

此处不得不提及绿色设计、生态设计和可持续设计三个相近的概念。查阅文献可以发现，很多研究并不对三者刻意区分，有时也会相互取代。事实上，三者之间存在一定的区别。绿色设计的思想萌发于 20 世纪 60 年代，维克多·帕帕奈克（Victor Papanek）在《为真实的世界而设计》中强调，设计应考虑地球资源的有限性，应为保护地球环境服务，依靠过度创新设计刺激快速消费会导致资源浪费，其后出版的《绿色律令》也是这种思想的延续。减少使用（Reduce）、重复使用（Reuse）、循环使用（Recycle）的"3R"原则被公认为是绿色设计的基本原则，节约资源和保护环境是绿色设计的主要目的。可见，绿色设计是在环境问题的压力下，寻求人与自然的平衡关系，强调设计要与自然适应，考虑环境效益，减少人类活动对自然的干预和影响，其本质还是思考如何在满足人类需求的前提下尽可能减少资源消耗和环境污染，而并非从源头遏制人类不合理的生产生活需要，实现人与环境的协调发展②。伴随着环境危机的加剧和绿色运动的兴起，人类的思维方式和价值观开始从"人类中心主义"扩展到"自然中心主义"，并深度反思现代人的生活、生产方式，探索地球与生存环境之间的关系，生态设计的思想应运而生。生态学家西蒙·范·迪·瑞恩（Sim van der Run）和斯图亚特·考恩（Stuaurt Cown）认为，任何与生态过程协调，对环境影响最小的设计都可称为生态设计，这种协调，意味着设计尊重自然，减少对资源的剥夺，有助于生态环境健康并改善人居环境③。应该说，生态设计是对绿色设计的深化，将自然环境的健康作为人类活动的重心，意识到人只是自然界的附属物，主张从设计目标到选材加工直至产品回收利用整个生命周期的每个环节都应最大限度降低对自然的影响。显然，其后的全寿命周期设

---

① 谢崇桥，曹汝平，姚克难. 节约型设计之辨[J]. 艺术与设计（理论），2008(5)：21-23.

② 杨晓斌，杨林. 20 世纪设计思想的演进　设计思想的演进——基于绿色设计到生态设计再到可持续设计的表述[J]. 生态经济（学术版），2014(2)：60-63.

③ 俞孔坚，李迪华，吉庆萍. 景观与城市的生态设计：概念与原理[J]. 中国园林，2001(6)：3-10.

计、环境设计等理念也是生态设计思想的衍生物;可持续设计源于可持续发展的理念。1992 年,在里约热内卢举行的联合国环境与发展会议上通过了《21 世纪议程》,把可持续发展思想推向了行动,可持续发展不仅要满足当代需求,还要满足后代的发展,即当代发展不能以损害后代发展为代价。可持续设计是以“成果”和“效益”去取代物质消耗,同时减少资源虚耗和环境污染,是以改变人们生活质量为最终目标的策略性设计活动,它不是单纯地保护生态环境,而是提倡兼顾使用者需求、环境效益、社会效益与企业发展的一种系统的创新策略①。从上述分析可知,生态设计与可持续设计是绿色设计基础上的深化和发展,三者的主要目标是一致的,都强调节约资源和保护环境。但三种思想萌发时所关注的侧重点不同,绿色设计以人为中心,专注于人的健康、安全与幸福;生态设计以环境为重心,从生命周期角度全方位关注设计可能对环境产生的影响;可持续设计则兼顾人、环境、社会及经济之间的关系,注重协调发展,更具全面性、系统性、宏观性和战略性。当然,随着时代的发展,三者的思想内核也在不断地演进和丰富,出现了你中有我、我中有你,罗织交错的状态,甚至能够互相取代。

基于对上述概念的辨析,此处再深入解读节约型设计。如前文所言,节约型设计是我国学者依据国家建设节约型社会的发展战略提出的,当前,仅有个别文献对其概念有所涉及(如前文定义),但并未找到有关节约型设计概念的权威解释和定论。从十六届五中全会公报对节约型社会的描述中可以发现,节约型社会的发展目标与可持续发展战略有本质的一致性,都主张人、环境、社会与经济的整体协调发展,如此,节约型设计与可持续设计的内涵应该是一致的。鉴于可持续设计是绿色设计、生态设计衍生出的更高级的形式,节约型设计也应涵盖绿色设计与生态设计的思想精髓。因此,笔者认为,节约型设计并不是全新的设计理念,而是中国建设节约型社会背景下,对绿色设计、生态设计、可持续设计等相关理念的进一步发展和诠释。在设计战略层面,节约型设计是通过正确处理人与自然的关系,通过资源合理配置与高效利用,实现社会、经济和生态环境的可持续发展;在设计策略层面,绿色设计的“3R”原则、生态设计的“全寿命周期评价”方法等都应是节约型设计的具体手段。

---

① 刘新.可持续设计的观念、发展与实践[J].创意与设计,2010(7):36-39.

1.3 研究范围

《城市轨道交通工程基本术语标准》(GB/T 50833—2012)对轨道交通的描述是:采用专用轨道导向运行的城市公共客运交通系统,包括地铁、轻轨、单轨、有轨电车、磁浮、自动导向轨道、市域快速轨道系统。显然,地铁和轻轨是轨道交通最重要的组成部分。地铁是在全封闭线路上运行的大运量或高运量城市轨道交通方式,线路通常设于地下结构内,也可延伸至地面或高架桥上;轻轨是在全封闭或部分封闭线路上运行的中运量城市轨道交通方式,线路通常设于地面或高架桥上,也可延伸至地下结构内①。可以看出,二者的区别主要是运量不同,其他并无明显差异,鉴于我国开通地铁线路的城市较多,地铁在轨道交通体系中具有鲜明的代表性,故本书选择地铁车站为研究载体。

从《城市轨道交通工程基本术语标准》对地铁的定义可以看出,由于地铁线路常设于地下结构内,也可延伸至地面或高架上,因此,地铁车站也相应地分为地下站、地面站和高架站,且以地下站为主。地面站和高架站属于地上建筑,当前有较多成熟的理论及经验可以借鉴,而地下站属于地下建筑,有着不同于地上建筑的诸多特性,且可借鉴资料较少,研究价值较大。

进入21世纪以来,我国的轨道交通建设迈入了高速发展期,同时也积累了一系列问题,如上文李京文院士所言,我国将轨道交通建设成"面子工程"、"形象工程"及室内公共空间过度装修的现象时有发生,这显然与我国政府倡导的节约型社会发展之路不符。因此,设计节约型的站点空间既是时代所需,也是大势所趋。从室内设计可控性的角度看,节约型设计主要包括:空间的节约型设计、用水的节约型设计、装饰材料的节约型设计和照明用电的节约型设计。具体到轨道交通站点,空间和用水的节约应主要在土建设计阶段解决,而装饰材料和照明用电的节约与室内设计关联性较大。综上所述,基于国内现状,从节约的角度研究地铁车站地下公共空间的装饰界面设计和照明设计是本书的重点所在。

---

① GB/T 50 833—2012 城市轨道交通工程基本术语标准[S].北京:中国建筑工业出版社,2012.

1.4 国内外研究动态

地铁车站空间属于室内空间的一个类型，研究地铁车站空间设计应首先了解室内空间设计的国内外动态。另外，前文已辨析了节约型设计、可持续设计、生态设计、绿色设计之间的关系，节约型设计吸纳了绿色、生态、可持续设计的思想精髓，对绿色、生态、可持续的相关研究理应是节约型设计的涉及范围。因此，本书主要从室内空间的节约型设计和地铁车站空间的节约型设计两个方面追踪国内外相关研究动态，阐述研究现状。

1.4.1 有关室内空间节约型设计的文献综述

节约理念与室内设计学科交融、发展的历程并不久远，国外研究最早可以追溯到20世纪80年代，国内在90年代初起步，迄今为止，国内外关于室内空间节约型设计的研究大致可归纳为以下四个方面。

1）对节约型设计的综合性研究

清华大学美术学院周浩明教授撰写的《可持续室内环境设计理论》是一部全面阐述室内空间节约型设计的专著，全书共分九章①：第一章论述了全球环境危机与对室内设计的影响，提出可持续室内设计是必由之路，并界定了可持续室内设计的基本概念；第二章分析了可持续室内环境在生态系统中的地位，并描述了可持续室内环境的主要特征；第三章提出了可持续室内环境设计的3F和5R（Revalue，Renew，Reuse，Recycle，Reduce）原则；第四章描述了可持续室内环境的使用特征；第五章到第七章从空气质量、物理环境、节能、节材、节水几个方面阐明了可持续室内环境设计的具体技术要求；第八章对可持续室内环境设计艺术与技术之间的关系进行了辨析；最后一章分析了可持续室内环境设计中常见的十二个误区，并从七个方面提出了消除误区的主要原则。正如作者在文中所言，本书试图遵循设计的基本规律，以提高人们生活质量和保护全球生态环境为出发点，将社会的、环境的、技艺的、生理的、心理的诸要素综合起来，纳入可

---

① 周浩明．可持续室内环境设计理论[M]．北京：中国建筑工业出版社，2011.

持续发展的全息设计观之中。

美国东密歇根大学 Louise Jones 博士主编的《环境友好型设计——绿色、可持续的室内设计》也是一部完整论述节约型室内设计的著作，全书分四部分[①]：第一部分从宏观的视角介绍了全球危机现状及人与环境关系的历史演进，定义了环境友好型室内设计的概念，提出了环境友好型室内设计的原则、方法及以自然为设计模型的主张；第二部分从空气质量、照明设计、能源、暖通空调和水资源几个方面论述了环境友好型设计的具体要求；第三部分在全面介绍了评估工具的基础上，重点介绍了美国绿色建筑委员会和 LEED 认证，并介绍了常用装饰材料的环保性能及优缺点；最后一部分分析了美国密歇根州门罗圣母净心修道院和东密歇根大学埃弗雷特·马歇尔大楼两个环境友好型室内设计案例。"我们没有从我们祖先那里继承地球，我们从我们孩子那里借用地球"，这句话是对该著作的最好诠释。

Bonda P 与 Sosnowchik K 的著作《可持续商业空间室内设计》与 Louise Jones 的著作在结构与内容上非常类似，也从背景、原则、方法、技术要求、评估、案例分析等角度探讨了可持续室内设计[②]，区别主要在于《可持续商业空间室内设计》只针对商业空间的室内设计。

洛丽·丹尼斯(Lori Dennis)的《绿色室内设计》基于自身的设计实践，从绿色、环保的视角阐述了住宅室内设计需要注意的事项，主要内容是[③]：首先从绿色选材、重复使用、人体工学、回收利用几个角度陈述了家具、陈设的购买与使用的观点；其次从性能、环保方面介绍了住宅常用装饰材料的特点，并介绍了几种有利于净化空气质量的绿色植物及其净化作用；再次介绍了不同家用电器及洁具的节电、节水性能；接下来从空间利用、造型简化、材料选择、照明设计等角度阐释了客厅与卧室设计的基本观点并系统地说明了绿色建筑的基本要求；最后从清洁方法、清洁产品、循环利用、有害物质处理等几个方面介绍了住宅室内及景观的清洁与维护方法。作者在书中多次强调，设计师面

---

① Jones L. Environmentally responsible design[M]. New York: John Wiley & Sons, Inc, 2008.

② Bodna P, Sosnowchik K. Sustainable commercial interiors[M]. New York: John Wiley & Sons, Inc, 2007.

③ 洛丽·丹尼斯. 绿色室内设计[M]. 尹弢，译. 济南：山东画报出版社，2012.

临的最大挑战是，如何了解选用产品对能源利用、环境和人类健康的影响，这基于实践的肺腑之言及研究成果，对我国住宅空间的绿色设计有着重要的借鉴意义。

2）对节约型设计理念的研究

来增祥教授认为，可持续发展不仅涉及土地利用、生态、能源、环境等“硬件”内容，还应与社会文化、历史文脉等“软件”因素有关，其在哲学上与我国“天人合一”的哲学观相通。现代室内环境设计，除了要在整体设计构思中树立可持续发展的观念之外，还可从功能布局的空间节约、天然材料选用的节约、充分利用自然采光和通风等方面探索新思路。①

郑曙旸教授认为，绿色设计的核心是创造符合生态环境良性规律的设计系统，是环境与发展的均衡，是国家可持续发展战略的核心，也是人与自然之间取得平衡的基本标识。绿色设计之路，是室内设计师面向未来的唯一选择②。

高金锁认为，室内设计可持续发展的实质是环境、科技、文化综合意义的设计观念。绿色设计是可持续发展的主导方向，主要表现在绿色空间设计、生态美学追求、绿色建材运用三个方面；科技进步是可持续发展的重要环节，节能技术、绿化技术、智能传感技术都依赖于科技进步；文化发展是可持续发展的更高追求。绿色设计、科技进步、文化发展是中国现代室内设计的可持续发展方向。③

林宪德提倡“俭朴”的室内装饰设计观，主张尽量以展现朴素的结构美为室内设计美学，应避免使用高耗能的金属材料、避免复杂的立体装修，尽量使用简单朴素的家具。在此基础上，坚持使用无匮乏危机的自然材料，低逸散性、低污染性建材，循环利用建材，废弃物再生建材 4 类绿色建材及本土材料④。

Hayles 认为，传统的室内设计聚焦于创造美的环境，它忽略了能源节省、环境污染、人体健康等问题，环境可持续的室内设计基于可持续原则和策略，倾向于从整体的

---

① 来增祥. 可持续发展与室内设计：兼谈绿色室内环境的营造[J]. 室内设计与装修，1998(5)：16-18.

② 郑曙旸. 绿色设计之路——室内设计面向未来的唯一选择[J]. 建筑创作，2002(10)：34-40.

③ 高金锁. 绿色设计·科技进步·文化发展——中国现代室内设计的可持续发展方向刍议[J]. 新建筑，2000(6)：67-69.

④ 林宪德. 绿色建筑[M]. 北京：中国建筑工业出版社，2011.

高度设计环境，为人提供一个满足生理和心理健康的室内环境。他还认为，绿色设计侧重于人的健康、安全和福祉，而可持续设计基于全球视角，着眼于地球的健康和安全，着眼于当代和未来。①

Mihyun 持有与 Hayles 相似的观点，她认为传统室内设计注重功能、审美和工程造价，而可持续室内设计已经超越了这些范畴，尽管没有关于可持续设计的明确定义，但它寻求环境、经济、社会三者之间平衡的观点已被广泛接受。一个可持续的室内设计项目，它应对环境、经济、社会产生最低程度的消极影响，最大限度的积极影响②。

3）对节约型设计原则、方法、对策的研究

陈易教授借鉴《绿色建筑评价标准》中“四节一环保”原则（节地、节能、节水、节才、环境质量），从室内设计的角度出发，提出了适于办公空间节地、节能、节水、节材、环保、碳汇 6 个低碳设计原则及相应措施③。

周浩明教授在分析生态室内设计影响因素（自然因素、建筑自身因素、建筑物理因素、人的因素、社会因素、经济因素）的基础上，提出了“3F”设计原则，即 Fit for the nature——适应自然，与环境协调原则；Fit for the people——适于人的需求，以人为本原则；Fit for the time——适应时代发展，动态发展原则④。

陈历渝、杨韵儒从室内设计生命周期的观点出发，将室内设计流程分为设计沟通、装修施工、使用维护和室内拆除四个阶段，针对每个阶段存在的问题，将 3R（Reuse，Recycle，Reduce）设计观念融入其中，提出了相应的绿色设计策略，分别是：设计沟通阶段的减量计划、节能设计、再生设计；装修施工阶段的减量施工、回收再生、建材选用；使用维护阶段的降低能耗、资源利用、低碳生活；室内拆除阶段的垃圾分类、材料分离、回

---

① Hayles C S. Enviromentally sustainable interior design: a snapshot of current supply of and demand for green, sustainable or Fair Trade products for interior design practice[J]. International Journal of Sustainable Built Environment, 2015, 4(1): 100-108.

② Mihyun K. The analysis of environmentally sustainable interior design practice[D]. Minneapolis: The University of Minnesota, 2004.

③ 陈易，薛天，王良. 室内空间低碳化设计原则[J]. 住宅科技，2014(10): 27-29.

④ 周浩明. 生态室内环境设计——一种可持续发展的设计[J]. 室内设计与装修，2006(3): 52-53.

收利用①。

袁镔、邹瑚莹分析了国内室内设计存在的四个主要问题:第一,普遍存在追求豪华、新颖、时髦、气派的现象;第二,室内装饰大量使用人工合成的化学材料;第三,室内更新时,产生大量不能再生、循环利用的建筑垃圾;第四,把室内设计仅仅看成装饰材料的运用,忽视采光、通风等室内设计的技术内涵。以此为基础,他们提出了适度消费、生态美学、节约与循环利用三个基本设计原则,并从选择生态环保材料、与诱导式建筑构造技术结合、采用绿化技术、采用节能技术、采用洁净能源技术、与现代高科技结合六方面提出了具体的技术应对措施。②

肖金媛认为,要达到室内环境生态、节能的目的,应树立牢固的可持续发展设计观,将科技与艺术完美结合,技术上应遵循无害化原则、经济性原则、智能化原则、功能性原则和节能化原则;艺术上应注入生态美学,将自然美与人文美有机结合在一起③。

Jessie L Preston 基于对室内设计师、装饰设计师、建筑师的调研及绿色室内设计项目和建筑项目的实践,认为绿色技术产品对实现室内项目的绿色化有重要的作用。其中的重点是冷空气与热空气的隔离技术、能源节省技术、高性能照明技术以及集成于地板、墙体和门窗的相关技术④。

Shaimaa EI-Ghobashy 和 Gihan Mosaad 倡导回归自然的设计理念,并从历史的角度出发,推导出自然一直是激发设计灵感的主要源泉,也是保障室内环境健康、安全、节省能源的主要因素。他们认为,自然、建筑与室内空间是一体的,正确理解人与自然的关系、自然与建筑及室内环境的关系,是创造绿色建筑与室内环境的基础,并提出了一系列自然、建筑、室内三位一体的设计指导原则⑤。

---

① 陈历渝,杨韵儒. 基于 3R 理念之绿色室内设计创意策略与方法[J]. 华侨大学学报(哲学社会科学版),2014(1):169-175.

② 袁镔,邹瑚莹. 室内生态设计探讨[J]. 室内设计与装修,1999(5):74-76.

③ 肖金媛. 可持续发展的室内生态设计观[J]. 华中建筑,2006,24(7):127-129.

④ Jessie L Preston. Green/Sustainable design in interior design and architectural practices in southeast Texas[D]. Beaumont: Lamar University, 2006.

⑤ Shaimaa EI-Ghobashy, Gihan Mosaad. Improving sustainability concept in developing countries: Nature influences on architecture interior designs[J]. Procedia Environmental Sciences, 2016, 34:573-581.

4）对节约型设计要素的研究

王芳认为，对于居住空间设计而言，空间和选材是体现节约的两个重要方面。在空间组织与布局上采用灵活的处理手法，调整、组织、重新创造空间，有效利用原有空间，使小面积做出大文章；材料选择不能只关心价格，应选用经济型的环保、无毒并具有再利用价值的装饰材料①。

单炜认为当今的室内陈设设计已经超越了传统的概念，应更加突出生态设计理念，强调人与自然的和谐统一。从家具到日用品选购、从植品到植物配置，都应贯穿环境生态学、环境心理学、行为学、材料学等学科的知识，通过生态化的陈设设计，改善和优化室内环境，加强与自然的联系②。

任艾英认为绿植对绿色室内环境的营造有着重要的作用。其研究在简要介绍了绿化的功能和作用的基础上，阐述了如何选择和陈设绿植，并结合住宅设计，从陈列式绿化、攀附式绿化、吊挂式绿化、壁挂式绿化、栽植式绿化 5 个方面探讨了室内绿植的设计方式③。

Abdulsamad Alkhalidi 从可持续的视角对阿拉伯联合酋长国的传统建筑室内空间进行研究后发现，传统建筑具有较好的可持续性，原因有 5 个④：一是传统建筑尊重使用者的习惯并保护地域文化；二是传统建筑尊重场地环境，与场地有高度完整性；三是传统建筑使用当地建筑材料，只有木材（由于短缺）会从其他地区少量进口；四是种植适宜沙漠环境的植物创造微环境；五是使用当地材料和低维护的加热制冷系统创造了健康的室内环境。

Sage Calamari 和 Karen H Hyllegard 认为过于时尚和较快的更新家具不利于织物产业的可持续发展，地毯、窗帘、家具饰品、床上用品等都存在对人类健康和环境的潜在负面影响，应该用环境友好型设计、产品生命周期评价等方法对室内织物的选择进行控制。但研究表明，室内设计师选择织物时，基本停留在价格、美感等传统层面，很少考

① 王芳. 节约设计：创造健康室内环境[J]. 南京工程学院学报（社会科学版），2007，7(4)：24-26.

② 单炜. 室内陈设艺术中的生态设计构想[J]. 美术观察，2009(5)：109.

③ 任艾英. 室内绿化设计研究[J]. 山西农业科学，2008，36(8)：59-61.

④ Alkhalidi, Abdulsamad. Sustainable application of interior spaces in traditional houses of the United Arab Emirates[J]. Procedia-Social and Behavioral Sciences, 2013, 102:288-299.

虑织物对人类健康与环境可能产生的消极影响①。

王立雄认为室内照明采用高效节能光源是实现照明节能的主要途径之一。使用紧凑型节能灯代替白炽灯，可以节能 80%；我国研制的电磁感应灯也是一种高效节能的新型光源，它的使用寿命长达 10 年以上，与荧光灯相比，可节能 1 倍以上，功率在25～350 W 的电磁感应灯可实现 30%～100%的连续调光功能。另外，他还认为，LED 光源在未来将会逐步取代白炽灯、荧光灯和气体放电灯②。

Aman M M 等人采用 Dialux 软件模拟的方法，对比了白炽灯、荧光灯管、紧凑型荧光灯和 LED 四种光源的能耗状况。研究认为，基于当前的技术条件，使用荧光灯管和 LED 有较好的节能效益。不过，随着 LED 技术的进一步发展，LED 可能成为未来灯具市场的主导光源③。

当前，照明节能问题被广泛讨论，那么视觉舒适度、视觉功效与照明节能是否存在矛盾呢？为此，Linhart 等人④进行了实验研究。他们选择了两个低能耗的夜间办公照明场景，第一个照明场景的照明功率密度值是 4.5 W/m^2，作为参考场景；第二个照明场景的照明功率密度值是 3.9 W/m^2，作为测试场景。研究者发现，由于第二个场景的照明效率较高，出现眩光的概率也有所增加。20 个人参与了该实验，基于计算机和纸质作业，分别评价视觉功效和视觉舒适度。研究发现：在视觉舒适度上，被测试的两个灯光场景和其他常见的照明场景没有太多不同；在视觉功效上，场景 2 纸质作业的视觉功效要好于场景 1，两个场景下计算机作业的视觉功效没有明显差别。因而，研究者认为，办公室照明功率密度值低于 5 W/m^2 时，同样可以获得较好的视觉舒适度和视觉功效，两者与照明节能之间并不存在矛盾。

---

① Sage Calamari, Karen H Hyllegard. An exploration of designers' perspectives on human health and environmental impacts of interior textiles[J]. Calamari and Hyllegard Textiles and Clothing Sustainability, 2016, 29:2-16.

② 王立雄. 建筑照明节能的新途径[J]. 照明工程学报，2004，15(4)：20-22.

③ Aman M M, Jasmon G B, Mokhlis H, et al. Analysis of the performance of domestic lighting lamps[J]. Energy Policy, 2013,52:482-500.

④ Linhart F, Scartezzini J L. Evening office lighting: Visual comfort vs. energy efficiency vs. performance? [J]. Building and Environment, 2011,46(5):981-989.

1.4.2 有关地铁车站空间设计的文献综述

当前,国外有关地铁车站设计的研究主要集中在空气质量①、节能管理②、热舒适等几个方面,较少涉及车站空间设计。反观国内,由于正处于地铁建设的高潮期,有关车站空间设计的文献颇丰,总体可归纳为如下三个方面。

1）对国外地铁车站空间设计的介绍

巴黎地铁 14 号线不仅仅体现了速度提升和无人驾驶技术,更重要的是对地铁空间设计策略有了新的探索,即从工程态度转向了更有意识的设计态度。章明认为,巴黎地铁 14 号线在设计理念上主要有四点创新③:一是空间与结构的感性。建筑师将结构或支撑构件作为具有丰富表情的设计语言,结构展现了感性的面孔,同时也让空间显得开朗、轻快。二是空间功能的多义性。空间不再是封闭的,而成为功能复杂、具有开放特性的城市空间。三是空间与载体的多元性。地铁空间不仅是功能的载体,也是信息、文化、科技、生态多元素的综合体。四是空间与动线的引导性。空间形态的变化与过渡以动线为线索层层展开。

董玉香通过对俄罗斯地铁站的空间分析,从人性化设计角度总结了五点值得我们借鉴的经验④:一是该车站既是交通空间,又是供人休憩、交流、读书的休闲场所;二是方位感与可识别性,主要方法是车站空间设计与站名及站点所处城市位置保持形象上的一致性;三是文化氛围,通过雕塑、壁画与光环境营造具有历史感的文化艺术氛围;四是细节设计,空间、光线、座椅、站牌等元素的细节无不体现着人性化的设计理念;五是空间形式多样,形态丰富。

陈易从舒适与优美两个方面剖析了加拿大魁北克省蒙特利尔地铁站的室内环境设计⑤。

---

① Moreno T, Pérez N, Reche C, et al. Subway platform air quality: Assessing the influences of tunnel ventilation, train piston effect and station design[J]. Atmospheric Environment, 2014,92:461-468.

② Rajabi S, Behairy S. Benchmarking energy management systems in metro stations[J]. Procedia Engineering, 2016,145:1088-1095.

③ 章明. 巴黎地铁空间设计新理念[J]. 时代建筑,2000(4):22-24.

④ 董玉香. 俄罗斯地铁站地下空间人性化设计[J]. 建筑学报,2004(11):79-81.

⑤ 陈易. 剖析蒙特利尔地铁车站的室内设计[J]. 广东建筑装饰,1996(5):22-26.

舒适主要指车站环境给人心理的舒适感，蒙特利尔车站室内空间高大、宽敞，室内环境整洁，环境噪声低，让人感到心理舒适；优美应归功于设计师的独具匠心和多样的设计手法，主要体现在利用结构进行装饰、充分表达材料的质感、利用装饰品进行美化、利用色彩进行美化及利用各种设施进行美化五个方面。

斯德哥尔摩地铁站被誉为"地下艺术长廊"，吴晓、施梁在介绍斯德哥尔摩地铁历史演化的基础上，分析、归纳了该地铁系统的陈设艺术特征，具体如下①：一是保留开掘的自然地貌和岩壁，充分利用自然地貌，在此基础上展开艺术设计；二是陈设主题丰富、涵盖内容宽泛，历史、人文、艺术、社会、科技等都是其涉猎的内容，其中主流是历史文化与艺术；三是表现手段综合，绘画、雕塑、模型、灯光、多媒体等多种表现手法综合应用，体现了艺术家、手工艺者、工程师与设计师的共同参与和广泛合作；四是布局方式同中存异。"地下艺术长廊"的这些特征，充分勾勒、展现了斯德哥尔摩风貌，为其赢得了世界性的赞誉。

张艺馨以慕尼黑地铁站为例，从空间优化与氛围营造两方面探索了视错觉在地下空间的应用。视错觉主要分为形象错觉、色彩错觉和动态错觉。慕尼黑地铁站的视错觉应用主要以优化空间为目的，通过视错觉创造虚拟空间、调节空间尺度、重塑空间界面。另外，慕尼黑地铁站还利用视错觉原理营造空间的趣味性、神秘感和舒展感。②

2）对国内地铁车站设计实践经验的总结

顾硕在对上海地铁 10 号线总体控制手法、表现手法及装修成果三方面设计原则回顾的基础上，总结了 10 号线车站装饰存在的主要问题并提出了设计建议。存在问题有两点：(1) 设备未做优化处理，层高优势未能充分发挥；(2) 设备与装饰面的关联设计不够密切，不够协调统一。提出的建议主要有三个方面：(1) 多元性、创造性、灵活性与便捷性共存；(2) 大力推广无吊顶设计概念；(3) 装饰设计应在早期介入③。

中央美术学院设计的北京地铁奥运支线与机场线以"空间艺术化"为设计主题，主张在有限的土建空间基础上，打破常规模式，将工程技术与艺术相结合，最大限度地设

① 吴晓，施梁. 斯德哥尔摩的"地下艺术长廊"浅析——以地铁站点的艺术陈设设计为例[J]. 华中建筑，2007，25(7)：122-134.

② 张艺馨. 视错觉在地下公共空间设计中的应用——以"慕尼黑地铁站"为例[J]. 艺术与设计(理论版)，2015(5)：87-89.

③ 顾硕. 上海地铁 10 号线装修设计总结与反思[J]. 科技信息，2011(18)：707.

计出具有强烈艺术感染力的车站空间，项目中的青花瓷、白色森林、数码墙等都是比较跳跃的、具有代表性的艺术作品。两条地铁线路最大的亮点是把平面艺术融入了空间设计，这些尝试不仅是学术上的探索，也开创了地铁车站空间设计的新理念①。

刘弘、王彤亮在介绍北京地铁10号线一期工程线路特征的基础上，结合对发达国家地铁车站空间设计经验的总结，对该线路公共空间的设计提出了“都市前沿”的创意主题，即以体现现代性、国际感和展现新北京面貌为设计主基调。具体做法是：(1) 将中国水墨画的“黑—白—灰”作为全线空间的基础色，既能传达中国传统文人画的气质与精神，又呈现出较强的国际感与现代感；(2) 纵向上重点处理天花板，增强空间的流动感与导向性；(3) 全线设计以共性设计为主，个性设计为辅，从8个方面提出了具体的共性设计要求，金台夕照站与国贸站作为重点站单独设计②。

杨冬江在阐述北京地铁10号线二期工程设计基本原则的基础上，以一期工程“都市前沿”的创意主题为前提，确定了二期工程的设计理念为“都市绽放”。在设计手法上，主要通过色彩、造型、材料和艺术品诠释主题：色彩方面，在一期“黑—白—灰”色调的基础上，增强了色彩的纯度变化。造型方面，重点站充分体现“都市绽放”的设计主题，突出界面之间的多维度曲线变化；标准站在标准化与模数化的基础上适当变化。材料方面，围绕“都市绽放”理念选用新技术、新材料，展现界面多维度全新装饰风格。艺术陈设方面，将艺术造型与空间形态结合，避免呆板、千篇一律的空间形象③。

3) 对地铁车站空间设计的多视角研究

孙静、蔺宝钢、杨铭认为，我国地铁车站的室内空间设计“文化趋同”现象严重。地域文化是城市历史遗迹、自然景观、人文风貌、建筑景观等因素的积淀与反映，是城市个性的灵魂，将地域文化融入车站空间设计，能够增强站域识别性，塑造独特空间意向；活跃空间气氛，体现人文关怀；彰显地域文化特色，提升城市综合形象。北京与西安部分

---

① 中央美术学院地铁设计小组.融平面艺术于空间设计的探索——北京地铁奥运支线、机场线的创意[J].美术，2010(1)：69-73.

② 刘弘，王彤亮.北京地铁10号线地下公共空间室内概念设计综述[J].铁道标准设计，2008(12)：50-52.

③ 杨冬江.从“都市前沿”到“都市绽放”——北京地铁10号线二期室内设计风格中的传承与创新[J].装饰，2012(5)：73-75.

地铁站的空间设计，在文化表征方面都做了富有创造性的探索，它们在界面设计、色彩设计及细节设计等几个方面应用地域文化的手法有很好的借鉴意义，营造出了具有归属感和生命力的地下城市意象①。

陆伟伟，周颖，杨艳红等认为地域文化的体现要素分为自然环境要素和人文环境要素。我国地铁站以历史为主题的地域文化展示内容较多，且手法单一，空间整体性不足，应进一步扩展地铁站地域文化类型，深入挖掘地域文化内涵，将地域文化与空间设计紧密结合，只有这样，才能更完整地展示城市特色与风采，凸显本土精神②。

郭晓方、陈红认为，与发达国家相比，我国地铁站内部空间的无障碍设施建设还不完善，无障碍设计水平也有待提高。为此，他们针对车站空间的无障碍设计内容，分别阐明了电梯、扶梯、坡道、盲道、触觉信息、无障碍标志等设施的无障碍设计技术要求和做法③。

张建勋、韩宝明、许婷认为，我国地铁建设日趋网络化，枢纽站、换乘站功能关系日益复杂，原有的导向系统面临着新的挑战，无法满足安全、可达、高效三项基本设计原则。目前，我国地铁站导向系统普遍存在以人为本设计实施程度不高，未能实现导向标志设计标准的统一化、规范化，商业广告影响导向标志作用的有效发挥及标志英文对照用词不当 4 个方面的问题。为此，他们提出了如下几点建议：(1) 规范设计标准；(2) 注重人性化特点；(3) 标志设计与实施应因地制宜；(4) 双语导向标志标准化；(5) 导向标志分级控制；(6) 导向标志有序衔接；(7) 导向标志与其他设施结合；(8) 站台设置交通图④。

罗玲玲、吴向阳、程皖宁研究了地铁车站空间高度的优化设计策略，认为影响空间高度的主要因素是层高、结构梁板高度、设备管线高度等工程因素，除此之外，还与空间大小、使用功能、换乘流量及乘客心理因素有关。结合深圳地铁 1 号线设计实践，他们主张从工程技术(主要是管线设备的集成与组织)、空间结构及装饰设计 3 个层面同步

① 孙静，蔺宝钢，杨铭. 地域文化在地铁站空间设计中的应用研究——以西安、北京为例[J]. 华中建筑，2015(9)：65-69.

② 陆伟伟，周颖，杨艳红，等. 城市地域文化在地铁站中的表达研究[J]. 城市轨道交通研究，2014(2)：22-26.

③ 郭晓芳，陈红. 地铁站空间环境无障碍设计研究[J]. 华中建筑，2014(10)：60-63.

④ 张建勋，韩宝明，许婷. 地铁车站乘客导向标志设计要点分析[J]. 城市轨道交通研究，2007(12)：40-43.

优化车站空间高度，这样，能最大限度地从物质和心理层面提升空间高度①。

朱小雷认为地铁站室内设计的难点是空间变化的可能性小，风格千篇一律的可能性大，因此，从空间界面一体化角度入手，设计具有可识别性的多样形态应该是地铁站设计的首要目标。对此，他结合设计实例，从表皮异质化、空间透明化、装饰主题化、文化装饰化、人性化及结构真实性 6 个方面阐明了多样性形式重构的可行途径②。

张力文从心理学的视域研究了地铁空间的设计问题。地铁站内，人流如潮，容易造成乘客的不适感和紧张感，基于心理学视角探讨空间设计策略，具有重要的参考价值，主要成果如下③：研究了认知心理学原理在地铁空间设计中的运用方法，探讨了基于认知心理学的地铁空间设计策略；研究了社会心理学原理在地铁空间设计中的运用方法，探讨了基于社会心理学的地铁空间设计策略；研究了色彩心理学原理在地铁空间设计中的运用方法，探讨了基于色彩心理学的地铁空间设计策略。

庄金迅、刘原对国内地铁站调研后发现，地铁站现行照明标准滞后于现行照明实践，为了使照明标准真正具有设计指导意义，课题组以理论研究为基础，结合调研结果，探讨了影响地铁站照明能耗的照明标准问题。影响照明标准的因素主要是平均照度、照度均匀度与照明功率密度值，其研究观点是④：(1) 在现行标准的基础上，平均照度值可以提高。另外，照度值应动态可变，非客流高峰期平均照度可为高峰期平均照度的 50%～70%。(2) 对于站厅、站台、过道等公共空间，照度均匀度可降低要求或不做要求。(3) 对于有广告照明影响的空间，其照明功率密度值比规定值可降低 10%～20%。

综上所述，国内外有关室内空间节约型设计的相关文献较多，从宏观到微观、从理念到对策、从理论到实践，研究内容非常丰富。具体到地铁车站，特别是地下空间，尽管文献资料颇丰，但研究内容主要集中在车站空间设计的艺术化、人性化、文化性、地域性、技术性等方面，缺乏将节约型理念与车站空间设计相结合的研究。个别文献虽然对车站的节约型设计问题有所涉及，但基本呈片段化、碎片化状态，整体性和系统性较弱。尽管如此，上述文献对本研究仍有非常重要的借鉴意义。

---

① 罗玲玲，吴向阳，程皖宁. 深圳地铁车站空间高度最优设计研究[J]. 地下空间与工程学报，2011，7(3)：413-417.

② 朱小雷. 形式重构的多样性：地铁站空间界面的可识别性设计[J]. 室内设计，2005(1)：10-15.

③ 张力文. 心理学视域下的地铁空间设计研究[J]. 艺术评论，2011(6)：101-104.

④ 庄金迅，刘原. 浅谈影响城市地铁站照明能耗的照明标准[J]. 照明工程学报，2011，22(5)：82-85.

1.5 研究方法与技术路线

1.5.1 研究方法

1）文献法

研究之初，笔者阅读了大量国内外有关绿色设计、可持续设计理论及地铁车站设计等领域的文献，力求宏观地把握研究范畴，保证研究内容具有一定的前瞻性。在文献阅读的基础上，采用分析、归纳等综合研究方法，完成了本书第一章和第二章的内容。另外，文献阅读所获得的研究成果与本书其他章节研究内容与结论之间可相互验证与支撑。

2）现场调研法

笔者在预调研的基础上，选择了北京、上海、杭州、苏州、南京 5 座城市，对其有代表性的地铁站进行了深入调研，主要调研方法是：观察体验法、访谈法、图像记录法和实测法。通过调研，了解了我国地铁车站室内界面与照明的基本现状，发现了一些不可持续的界面设计与照明设计问题，分析了成因，完成了本书第三章的内容，为后续研究的展开提供了一手的基础资料。

3）案例分析法

本书的设计策略部分，大量采用了案例分析的研究方法。依据不同设计策略的引证需要，或采用自身设计实践的案例、或采用实地调研的案例、或采用文献资料中的案例，通过对不同案例表象的描述，分析其成因及采用的策略与方法，从典型个例中探寻具有普遍意义的理论规律。

4）比较研究法

比较研究法也称类比分析法，通过比较，可以更清晰地了解同类事物之间存在的差异。本书中大量运用了这种研究方法，特别是调研分析的部分，无论是材料使用状况分析，还是照度分布现状分析，都采用了比较研究法。

5）实证法

“纸上得来终觉浅，绝知此事要躬行”。将理论研究应用于实践，不仅能在实践中发展、深化理论，也能通过实践检验、修正理论。笔者作为主创设计师有幸参加了南京地铁 2 号线车站空间的概念设计，通过实际项目践行了起初略具理想化的设计原则与策略，部分成果也取得了较好的实际成效，同时，实践中出现的各种设计缺憾也为理论的修正和完善确立了现实坐标。

1.5.2 技术路线

技术路线见图 1-1。

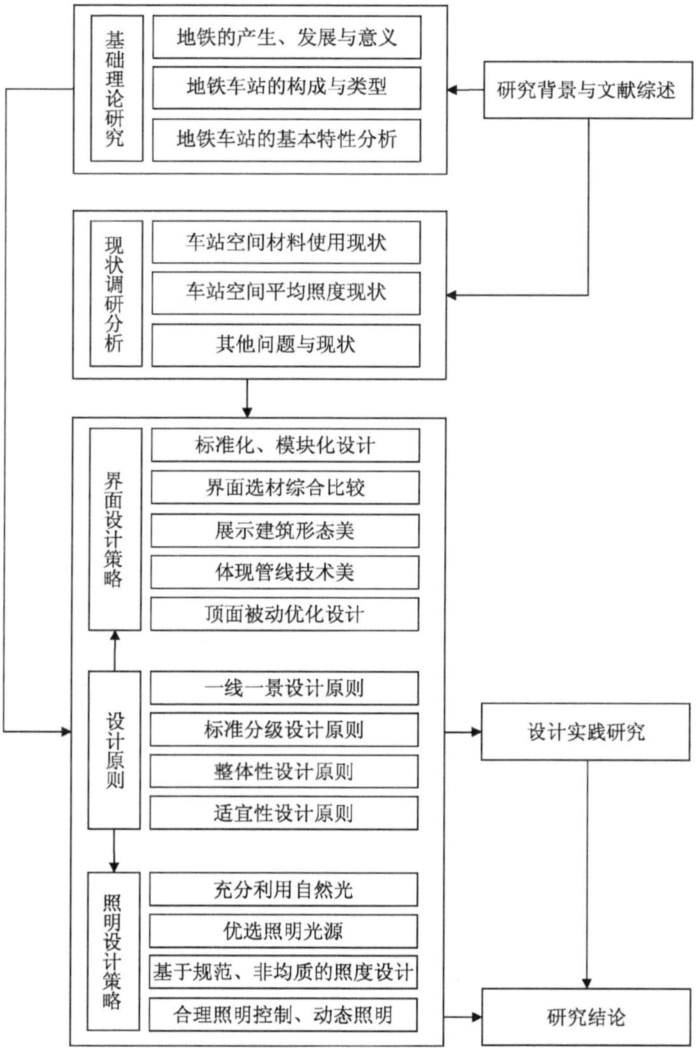

图 1-1 技术路线图

资料来源：笔者自绘

第二章

地铁与车站基础理论概述

2.1 地铁的产生、发展与意义

2.1.1 地铁产生的背景

相关研究表明①，最早提出地铁思想的并不是交通专家，而是英国的一名法官查理斯・皮尔森。19世纪中期的英国伦敦，其发展要快于当时的任何城市，数以千计的商场、办公楼、住房、厂房等建筑被快速建造起来，由于没有适应的交通运输形式，伦敦开始出现交通混乱、车辆拥挤的现象。查理斯对此非常关心，经过慎重、认真地长期思考后，1843年，他向政府提议，把城市交通引入地下，以减少地面的拥挤。这一想法很快得到了当时政府的支持，地铁建设的帷幕从此拉开。1863年，世界首条地铁——“大都市铁道”终于开通，尽管只有短短6.5千米，但运营非常成功，第一年就有950万人次的运载量。

众所周知，城市化是全球性的发展趋势。世界上任何城市在发展过程中，都会产生交通拥挤的问题，如果不能有效克服这一问题，城市化进程就会受阻，进而影响城市发展的活力。事实上，城市交通问题的出现受诸多因素影响，如城市规模、经济发展程度、人口规模、城市规划状况等，城市交通只有与这些影响因素的变化相匹配，城市才能健康发展。城市中心区往往是交通拥堵的核心地带，中心城区地价昂贵，通过拓宽道路、建设轻轨等方法改善交通存在较多困难，通过修建更多的道路缓解拥堵也无法满足日

---

① 张国碧，李家稳，郭建波，等.我国地铁的发展现状及展望[J].山西建筑，2010，36(33)：13-15.

益增长的城市交通需要。发达城市的经验表明，只有发展地铁，才是解决城市中心区交通拥堵的可行之路。

显然，地铁是城市化进程的产物，城市发展到一定阶段，只有通过开发地下交通才能保持其继续发展的可能。

2.1.2　国外地铁的发展历程

国外地铁建设已经历了 100 多年的历史，已有 100 多个城市拥有地铁。1863—1899 年，有 7 个城市修建了地铁；1900—1949 年，又有 13 个城市修建了地铁；到 1999 年，世界各国拥有地铁的城市达到了 115 个，总里程超过了 7 000 千米①。国外城市地铁的发展大致经历了三个阶段：初步发展期、恢复发展期和快速发展期②。

19 世纪初至 20 世纪 30 年代为初步发展期。19 世纪是城市人口增长和城市规模膨胀的快速发展期，当时英国伦敦的人口就以每年 20% 的速度急剧上升，美国的纽约亦是如此，城市规模也迅速扩大。在此背景下，世界首条地铁于 1863 年在英国伦敦开通，同年，约翰·富勒提出了伦敦环线地铁规划的构想。1864 年，环线地铁投入建设，由于环线地铁分布面更广，运载量更大，可以使更多的人从郊区进入城区工作，直接带动了伦敦西部的大开发。1890 年，从伦敦市发往南伦敦的世界首条电气化地铁建成，其间，随着电气化地铁的普及及隧道挖掘技术的改变，快速、便捷、成本更低的地铁将伦敦许多地区联系在一起。1900 年，世博会的召开，催化了巴黎的首条地铁线，线路连接万生门和马约门，长约 10 千米。一战后，巴黎地铁大规模扩建，1934 年，巴黎地铁延伸到了赛弗尔桥、万森城堡等郊区。1935 年，出于军事目的，苏联开始在莫斯科修建地铁，全长约 200 千米。1939 年，爆发了第二次世界大战，除极少数大城市外，多数城市地铁建设的进程被迫停滞，另外，汽车业的繁荣也影响了地铁业的发展。

20 世纪 40 年代至 60 年代是恢复发展期。二战后，世界秩序恢复稳定，城市人口迅速增加，但由于战后城市修复工作导致环境质量较差，很多人选择到城郊居住，为解决长距离运输问题，地铁建设的问题再次被各国提上日程。如战后的伦敦、伯明翰等城市，就

---

① 杨冰. 地铁建筑室内设计[M]. 北京：中国建筑工业出版社，2006：4.

② 郭晓阳，王占生. 地铁车站空间环境设计[M]. 北京：中国水利水电出版社，2014：5.

有大量的人口迁出，这也意味着，地铁为城市分散布局提供了可能。在此期间，亚洲的日本在东京修建了大量地铁，日本也是亚洲最早拥有地铁的国家。1950 年，瑞典的斯德哥尔摩开始修建地铁，共 3 条线，总长 110 千米，设 99 个站点，车站空间艺术气息浓厚。1954 年和 1955 年，意大利的米兰和罗马也开始建设地铁。1962 年，世界上最早的行车自动化系统开始在莫斯科地铁中试用。1968 年，德国法兰克福着手建设架空线，长 50.9 千米，日承载运输量 50.2 万人次。1969 年，巴黎快线地铁开通，可以开往巴黎远郊，引发了居民远郊定居的革命性效应。总之，战后 20 年的时间里，世界各国的地铁业恢复了发展。

20 世纪 70 年代至今(特别是 70 年代至 90 年代)是快速发展期。20 世纪 70 年代，世界经济空前繁荣，人口密度高度集中，地铁在城市发展中的地位被再度提升，以适应迅速增加的客运需求。1971 年和 1979 年，伦敦建成了两条新的地铁线，同时，对原有地铁线进行了大规模的改建和整修，基本上形成了伦敦的地铁交通体系。1972 年和 1976 年，美国的旧金山和华盛顿也分别开通了地铁线，旧金山设 34 个站点，华盛顿设 64 个站点。1987 年，新加坡开通地铁，全长约 150 千米，新加坡地铁的绿色、洁净与文明全球闻名。1998 年，因世博会需要，葡萄牙的里斯本也开始修建地铁。1998 年和 1999 年分别建成通车的巴黎地铁 14 号线和英国地铁朱比利延长线将国外地铁设计与建设水平提升到了新的高度。在国际化大都市，将各种交通系统有效连接起来也是当时地铁发展的一个趋势，如伦敦地铁与希思罗和盖特威克两大机场的连接。此外，70 年代后，发展中国家地铁建设的速度也明显提升。1970 年，发展中国家仅有 3 个城市拥有地铁，到 1990 年，已经有 21 个城市建设了地铁。

2.1.3 国内地铁的发展历程

1965 年，我国首条地铁线在北京破土动工，但鉴于当时的社会状况，国内地铁建设未能持续，改革开放后至 20 世纪 90 年代，北京、天津、上海等城市的地铁相继开工，掀起了我国地铁建设的小高潮。近十几年来，我国许多大中城市纷纷申报或建设大中运量的地铁或轻轨交通项目，预计到 2030 年，地铁里程可达到 8 000 千米①。

---

① 梁宁慧，刘新荣，曹学山，等. 中国城市地铁建设的现状和发展战略[J]. 重庆建筑大学学报，2008，30(6):81-85.

截止到2012年，我国已有近40个城市的地铁项目在运行、扩建或筹备中。从我国50年的地铁发展历程来看，大致可分为初级发展、稳定发展和快速发展三个阶段①。

初级发展阶段是在20世纪六七十年代。1965年，北京地铁1期开始动工，全长23.6千米，由苹果园至北京站，东西贯穿北京市区，于1969年开始运营。发展初期，无论车站和区间，均采用明挖法施工，这种方式有施工难度低、工期短、造价低的优点，但也有占地多、拆迁量大、影响城市交通、施工噪声大等缺陷。上海当时也针对本市地质条件，开展了地铁建设的相关研究和实验，但“文革”期间被迫停止。

20世纪80年代至21世纪初属稳步发展阶段。此阶段，除线长16.1千米的北京地铁2期环线于1984年建成通车外，线长15.6千米的香港地铁1号线于1979年开通，线长7.4千米的天津地铁1号线中段于1984年正式通车，线长18.6千米的广州地铁1号线于1990年建成，上海地铁1号线、2号线和3号线也在20世纪90年代相继开通，总里程60余千米。

21世纪以来是我国地铁建设的快速发展期。2008年之前，北京相继完成了轻轨13号线、八通线、4号线、5号线、奥运支线、9号线、10号线和多条市郊线，截止到2014年，北京共有18条运营线路，总长约527千米②。截止到2013年，上海地铁在21世纪相继开通了13条地铁线，运营里程达到了548千米，总长度居世界城市之首，预计2020年达到970千米③。广州是我国第三大地铁城市，截止到2012年底，已开通1号线、2号线、3号线、4号线、5号线、8号线、广佛线和珠江新城集运系统，目前总里程236千米④。除北京、上海、广州外，天津、南京、深圳、苏州、杭州、成都、重庆、沈阳等城市也相继开通了数十条地铁线，还有许多城市的地铁正处于建设过程中，我国地铁建设爆发了惊人的速度。

虽然我国地铁产业的发展势头较好，但地铁运量占城市公共交通量的比重依然较低，相关研究表明⑤：2010年，北京地铁运量占公共交通量的40%、上海占35%、广州为

---

① 郭晓阳，王占生. 地铁车站空间环境设计[M]. 北京：中国水利水电出版社，2014：18.

② http://baike.so.com/doc/10041511-10529628.html

③ http://baike.so.com/doc/2704702-2855618.html

④ 郭晓阳，王占生. 地铁车站空间环境设计[M]. 北京：中国水利水电出版社，2014：21.

⑤ 郭晓阳，王占生. 地铁车站空间环境设计[M]. 北京：中国水利水电出版社，2014：23.

26%；反观国外发达城市，巴黎占 70%、东京占 80%、纽约占 60%，香港、新加坡等城市都不低于 40%。可见，我国地铁仍有较大的发展潜力。

2.1.4 发展地铁的意义

在城市中发展地铁，虽然主要目的是解决城市交通拥堵问题，但同样会对城市建设的其他方面产生积极的影响①：(1) 改善城市公共交通形象。城市公共汽车是城市公共交通的主要形式之一，但速度慢、运量小、准时率低等缺陷影响了城市公共交通在市民心中的印象。地铁系统准时、高效，提升载客量的同时，乘车舒适性也非常好，能极大提高市民的出行效率，改进他们的工作与生活质量，从而改善公共交通在市民心中的整体形象。(2) 促进人口迁移，缓解城市中心区住房压力，优化城市结构。城市中心区各种公共资源比较集中，人口分布密度大，对潜在购房者有着强大的吸引力。地铁建成后，快速的地下交通不仅会改变购房者的时空观，也会对中心区原有居民的居住观产生影响，有些人会选择到住区环境好的沿线郊区居住，中心区的住房压力就会缓解，地上交通人流自然会减少，城市结构也会得到优化。上海地铁 1 号线开通后，对城市人口的分布产生了非常明显的影响，中心城区人口大量外迁，地铁沿线的近郊和郊区人口开始聚集，由于地铁改善了郊区的可达性，大大促进了人口从高密度地区向低密度地区的可持续迁移，城市用地结构产生了明显的聚集和扩散效应，有力地促进了城市多中心结构的形成②。(3) 保护城市文脉与景观。相比道路拓宽或者建设高架，地下交通几乎不影响城市地面景观。特别是对于有深厚文化、历史底蕴的老城区，风景名胜较多，绿化环境较好，通过地下交通运输人流将对地上景观的不利影响降到最低。(4) 降低城市交通管理难度。地铁不会出现人车混流的情况，比较容易管理，将大量人流带入地下，地上空间的交通量自然会减少，城市交通管理的难度也会降低，交通事故发生的概率就会相应减少。(5) 节约能源、减少环境污染③。地铁属于绿色交通系统，节能效果远远优于公共汽车。相关测算表明，单位运量能源消耗，轨道交通系统仅为私家车的 1/6，

---

① 孙小琴.地铁发展的系统分析[J].系统工程，1999，17(6)：72-75.

② 曾智超，林逢春.城市轨道交通对城市人口迁移的作用[J].城市轨道交通研究，2005(2)：19-23.

③ 张仕雄.轨道交通在武汉城市圈发展中的作用分析[J].铁道运输与经济，2008，30(9)：20-53.

公共汽车的1/3；另外，地铁运行的动力是电能，属清洁运输方式，噪声和空气污染较小，仅为地面交通的6%～10%。香港地铁统计资料显示，同等载客量情况下，地铁运输产生的TSP（空气悬浮物）、CO_2、SO_2等分别为汽车运输的1/160、1/60和5/26，环境效益明显。（6）促进经济发展①。地铁建设投资巨大，内部收益很低，单纯依靠自身运营收入难以获得良好的投资回报，但外部效益较好，可以促进城市经济发展。国外研究表明，在地铁系统中每投入1美元，GDP能增加10美元，北京、上海的经济发展已经证明了这一点，同时，它对促进就业、拉动房产销售、带动旅游业发展也有不可估量的影响，社会经济效益巨大。可见，地铁不仅是城市的交通工具，它对城市的人口分布、形象展示、结构布局、能源节省、环境保护及经济发展等方面都有着广泛而深刻的影响。

2.2　地铁车站的构成与类型

2.2.1　地铁车站的构成

地铁以系统形式存在，车站是地铁系统最重要的组成部分，也是乘客进站、出站、乘车、换乘的枢纽，与乘客及车站工作人员联系紧密。地铁站由车站主体（站厅、站台、设备用房、辅助用房）、通道和地面附属建筑物三大部分构成②。（1）站厅、站台。车站主体的站厅和站台是乘客进出车站、候车、乘车的场所，也是车站最核心的活动空间。地下站的站厅层位于站台层上方，二者通过楼梯、扶梯和电梯相联系，它们的使用面积约占整个车站的50%，在车站建筑构成中占有非常重要的地位（图2-1）。站厅包含付费区（浅灰色区域）和非付费区（深灰色区域）两大部分，设计中主要通过围栏分割两个区域，乘客通过进站闸机从非付费区进入付费区，通过出站闸机可从付费区进入非付费区。为了避免进站人流与出站人流交叉，出口与进口的布置要拉开距离，一般有两种布

---

① 申圆圆，陈爱侠. 浅议轨道交通建设对西安城市发展的作用[J]. 现代城市轨道交通，2007(1)：48-50.

② 郭晓阳，王占生. 地铁车站空间环境设计[M]. 北京：中国水利水电出版社，2014：34.

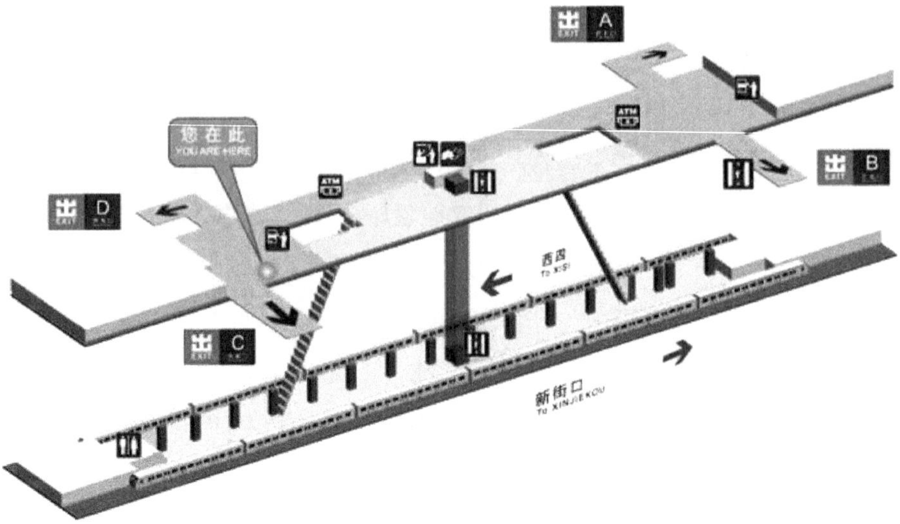

图 2-1　典型地铁站站厅、站台示意图

资料来源:笔者自拍

置方式:一种是中间进站、两端出站,另一种是两端进站、中间出站(图 2-2)。站台主要由候车区和轨行区构成,乘客进入站厅层付费区后,就可以直接进入站台层候车,出于安全的目的,多数车站会通过屏蔽门将轨行区与候车区完全隔离①,只有列车到站时,屏蔽门才会开启。在具体功能上,站厅层、站台层会设有售票、检票、问询、公用电话、商店、卫生间及其他便民服务设施。(2) 设备用房。设备用房是保障地铁正常运行,为车站提供良好室内环境及发生事故的情况下及时排除灾情的工作用房。主要包括:变电所、环控室、车站控制室、综合监控室、通信设备室、信号设备室、防灾中心、消防泵房、污水泵房、废水泵房、照明配电室、防灾报警室等内容。(3) 辅助用房。辅助用房是为车站工作人员提供服务的房间,包括更衣室、卫生间、休息室、茶水间、储藏室等,这些房间均设在车站工作人员的专用区域。(4) 通道。通道分为进出车站通道和换乘通道,是人员进出站厅的纽带,也是地上地下之间、不同线路之间过渡与转换的通行空间。通道

---

① 我国早期建设的地铁站,如北京地铁 1 号线、2 号线,上海地铁 1 号线等,由于轨行区与候车区之间没有隔离措施,极易发生乘客、特别是儿童从站台坠落轨行区的现象。为了防止地铁运行期间发生安全事故,目前新建地铁站都会设置屏蔽门,一些早期的车站也通过后期改造,增加了安全防护措施,如上海地铁 1 号线后期就加装了半封闭式的屏蔽门。

的主要功能是保障乘客快捷、便利的通行，因而，除在墙面设置少量的广告灯箱外，一般不会有其他影响通行的服务设施。对地下站而言，从地面进入通道，主要通过楼梯、自动扶梯和电梯三种垂直通行方式。(5) 地面附属建筑物。地面附属建筑的作用是保证地下空间的舒适性和安全性，主要有车站出入口、风亭、冷却塔、无障碍电梯等内容。附属建筑物周边，也会配套相应的景观。

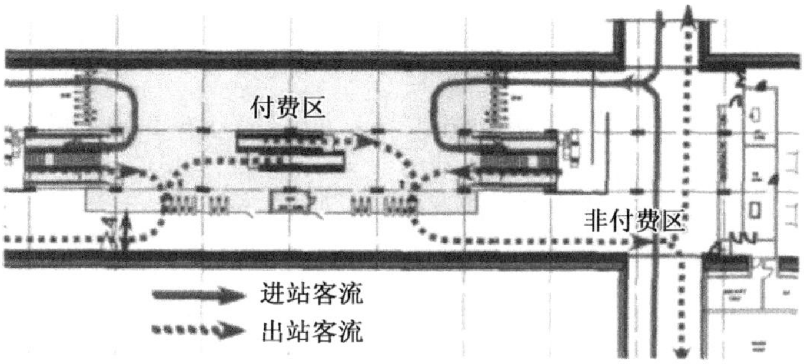

图 2-2　两端进站、中间出站的布局方式

资料来源：刘丹《地铁车站公共区空间环境布置探讨》

2.2.2　地铁车站的分类

1）车站的分类

车站的分类方式较多，这里主要介绍三种分类方式，分别是车站与地面关系的分类、车站运营性质的分类和车站结构断面形式的分类。

按车站与地面的相对位置，可将车站分为地下车站、地面车站和高架站，同一条地铁线，可能同时拥有三种类型的车站。城市中心区的车站多为地下站，车站主体结构位于地面以下，空间较为封闭，站内空气湿度大，自然采光和通风的难度较高，主要依靠机械通风和人工照明，发生灾害后的可补救能力弱，无论建造还是运营费用都高于高架站和地面站。但由于处在地面以下，对外防护能力较好，可兼具人防功能，也可节约城市用地。地面站的主体结构位于地面，相对于地下站或高架站，地面站建造工程量较小，建筑布局自由灵活，空间形态可与周边地形、环境巧妙结合。由于地面站处于地面之上，乘客可以从室外直接进入站厅，同时，车站能够获得自然采光、通风，节能效果较好。高架站的主体结构位于高架桥上，高架站虽然不会占用太多的城市用地，但会在城市道路上形成较长的阴影区。与地下站相比，地面站与高架站在工程造价上要低于地下站，并能获得自然采光、通风，还可以在建筑立面或顶面铺设太阳能板，但缺点是地铁运行时产生的噪声较大，容易对相邻建筑产生影响。

按运营性质可将地铁站分为终点站、中间站和换乘站。终点站是地铁线最两端的车站，相对列车的上行或下行，终点站也是起点站。严格意义而言，终点站之间的车站都属于中间站，但这里所指的中间站未包含换乘站，主要是一般站，也叫标准站，是车站中最常见的一种类型，相对于换乘站，中间站的功能比较单一，车站规模也略小。换乘站是指有换乘功能的车站，也是所谓的重点站。换乘主要有两种方式：一种是地铁线之间的换乘。众所周知，城市地铁线往往呈网络状分布，同一车站，很可能出现两条线路或多条线路交叉的情形，该站在功能设计上就要满足不同线路之间的换乘需要。另一种是与其他交通系统之间的换乘，有人也称之为联运站。由于地铁具有快速、高效、便捷、准时等优点，是市民公共出行的首选交通工具，因而在城市交通体系布局上，往往会将高铁站、汽车站、火车站、飞机场等交通系统与地铁线连接，这样，在某些站点就会出现不同交通体系之间换乘的情况。飞机场一般距离城市中心区较远，为了加强机场与城市的联系，有些城市会专门修建通往机场的地铁线，如北京地铁机场线、南京地铁机场线等。换乘站往往规模较大，换乘流线也比较复杂，但主要功能与一般站和终点站并无本质区别。

按断面形式分类主要是针对地下车站，其断面形式可分为矩形断面、拱形断面、圆形断面、马蹄形断面、椭圆形断面等，其中采用矩形断面和拱形断面的地铁站较多（图 2-3）。具体采用何种断面形式，要根据车站埋深、水文地质、施工挖掘技术、建筑设计要求等多种影响因素共同确定，同时还要考虑到结构合理性、造价经济性等因素。矩形站是我国地铁站最常见的一种断面形式，主要用于埋深浅的车站，一般采用明挖法，施工过程与建筑基坑开挖方法类似。矩形断面车站可以是单层、多层，也可以是单跨、双跨和多跨。拱形断面的车站既可用于浅埋车站，也可用于深埋车站，浅埋站的拱形结构可采用明挖法施工，而深埋站主要采用暗挖法（在非软土地区施工的一种有效方式，可在隧道内部采用掘进式施工）。拱形断面可以是单拱，也可是多跨的连续拱。单拱中间较高，且有结构柱支撑，空间宽阔、高大，视线较为开敞。事实上，无论单拱还是连续拱，室内设计只要与拱形充分结合，都会取得比较理想的空间艺术效果。

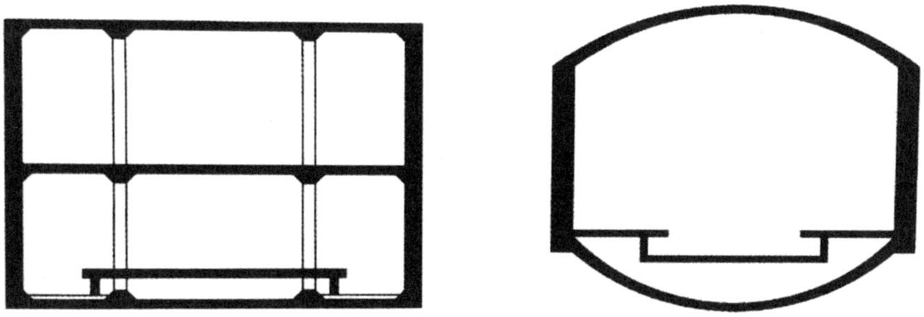

(a) 矩形断面　　　　　　(b) 拱形断面

图 2-3　地下车站结构断面形式

资料来源:郭晓阳,王占生《地铁车站空间环境设计》

2) 站厅空间形态的分类

对于地下站,站厅是车站最为核心的空间,对外连接通道和车站出入口,对内直接与站台相通,可以说站厅是一座车站的交通枢纽。相比站台,站厅的面积较为开阔,顶面形态比较完整,是最容易塑造场所精神的物质空间,它的品质代表着整个车站的形象和气质,一直被设计师高度重视。地铁上百年的演变进程中,站厅也经历着各种变化,特别是空间形态方面,呈现了多样化的面孔,最具代表性的空间形态主要是楼层式站厅、楼廊式站厅、桥式站厅和独立式站厅。

楼层式站厅是国内车站最常见的一种空间形态,站厅与站台之间通过楼板完全隔离开,仅依靠楼梯、扶梯和电梯保持站厅与站台的竖向联系。这种空间形态的最大优势是站厅使用面积较大,站厅层可以容纳更多功能(如增加商铺等),也有利于进站人流和出站人流的组织,不足之处是空间视觉效果上过于呆板,形态不够丰富。楼廊式站厅[图 2-4(a)]的空间形态介于楼层式站厅与桥式站厅之间,换言之,该站厅形态既有楼层式站厅的楼层,又有桥式站厅的廊桥。常见楼廊式站厅的做法是,在站台层上方,选择一块区域,将站厅层与站台层打通,形成一个中庭,这样,在站台层上方的站厅层,围绕中庭形成既有楼层又有廊桥的空间布局形式。这种做法虽然一定程度上减少了站厅的使用面积,但空间形态丰富,站厅与站台也能形成良好的互动。桥式站厅[图 2-4(b)]就是在站台层上方设置类似桥的站厅,桥可以横跨站台。由于这种空间类型使得站台与站厅几乎全部连通,乘客在站台层能感受到空间的高耸与开敞,但代价是站厅层的使用面积会极大地减少，站厅的人流组织存在一定的困难。独立式站厅是站厅与站台之间没有柱网对应关系，站厅层设计不受站台层制约，站厅与站台的联系可能是楼梯、扶梯，也可能是通道。独立式站厅的布局形式比较自由，可以自成体系，也可以是城市建筑的一部分，由于站台不在下方，站厅地面也比较完整，有效使用面积要高于楼层式站厅，但不足之处也与楼层式站厅相似。

(a) 楼廊式站厅

(b) 桥式站厅

图 2-4　站厅空间形态

资料来源：郭晓阳，王占生《地铁车站空间环境设计》

此处虽然分类介绍了站厅的不同空间类型，但在实际项目中，很多空间类型是融合在一起的，很难明确界定它们具体属于哪一种类型，这也是建筑空间的复合性和不确定性的魅力所在。设计中具体选用什么类型，还要依据站点的位置、人流情况、施工条件等诸多要素综合考虑，特色站或人流较少的车站可以考虑楼廊式和桥式，人流较多的车站选择独立式或楼层式更合适，或者依据实际需要，将几种空间类型结合，能够创造出更加丰富多变的空间形态。

3）站台形式的分类

站台的形式主要分为三类，分别是岛式站台、侧式站台和岛、侧混合式站台（图 2-5）。岛式站台位于上行线和下行线之间，这种站台是最为常用的一种形式。岛式站台使用效率较高，能够灵活调剂客流，便于乘客使用，在人流量较大的车站更能发挥其优越性。岛式站台主要有单柱和双柱两种形式，相比较而言，单柱站台比双柱站台在视觉感受上更开敞、通透。采用单柱还是双柱，与站台宽度有关，车站建筑的大量实践证明，

10 m宽的站台采用单柱布置,12 m以上的站台采用双柱布置更为合适①。侧式站台位于轨行区两侧,轨道从站台之间穿过,这也是一种比较常见的站台形式(只有一个轨道一个站台的情况也属于侧式站台)。侧式站台由于被轨行区分隔,两侧站台之间的联系不便,一般须通过站厅层才能由一侧到达另一侧。相对于岛式站台,侧式站台的面积可以不受轨道的制约,只要条件许可,站台的宽度在理论上可以任意扩大,这是侧式站台最大的优点。因此,侧式站台较少用于地下站,多数用于地面站和高架站。对于一些有多条线路通过的换乘站,往往一种站台形式无法满足使用需求,常常会采用岛侧混合式站台。

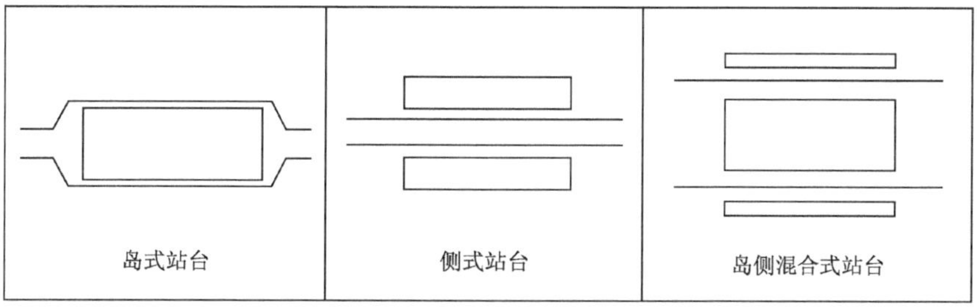

图 2-5　站台基本形式

资料来源:郭晓阳,王占生《地铁车站空间环境设计》

2.3　地铁车站的基本特性分析

地铁车站,特别是地下站,有着不同于地上建筑的鲜明特性,对这些特性的正确理解和把握,是地铁站空间设计的基础。此处主要分析地下车站空间的人流特性、物理环境特性和心理环境特性。

2.3.1　车站人流特性

行人交通在城市交通系统中占有重要的地位,由于行人之间非线性的作用,行人交通往往呈现出非常复杂的特点。行人交通可分为单个行人和群体行人两个方面。单个

① 刘丹. 地铁车站公共区空间环境布置探讨[J]. 城市轨道交通研究,2013(8):18-23.

行人的特征主要是速度、步幅、路线、与环境的关系等，群体行人主要涉及流量、流速、密度等宏观特性，本章节将重点分析群体行人交通，即宏观人流特点。具体分析之前，先简要介绍一下流量、流速与密度的基本定义：流量是指单位时间内通过某点的人的数量，单位时间可以用每分钟表示。流速是单位时间的行走距离，单位是 m/s。流速是反映人流特性的主要参数，国内外学者多以流速为出发点，分析人流的各项特性。流速受多种因素制约，既有体力、情绪、身高等自身因素，也受空间、设施、照明等环境要素影响。相关研究表明①：正常情况下，西方人的平均流速是 1.34 m/s，我国上海人的流速是 1.24 m/s。密度是指单位面积行人平均个数，一般用人/平方米作为单位。另外，这里还涉及人群的概念，即共同行走的人分两种类型，一是群体本身有一定社会关系，二是由外部原因导致的临时人群，这里主要针对后者。

1）车站环境对人流的影响

地铁车站空间的封闭性较强、各种功能串联分布、内部设施类型也比较复杂，其内部环境对人流的影响较大，主要客观因素分别是通道、楼梯、扶梯、斜坡、闸机、站台等。① **通道**。通道是乘客进出车站或换乘路线的必经路径，人流在通道行走受两个因素影响：一是通道的宽度，在人流高峰期，通道越窄，人流密度越大，流速就会越低，相反，宽敞的通道有利于降低密度、提高人流速度；二是通道地面的坡度，与平地面相比，人在坡面上行走的速度会明显降低。② **楼梯**。楼梯是垂直交通的重要组成部分，在人流高峰期，楼梯的利用率较高，它也是紧急情况下，客流疏散最主要的途径。楼梯由台阶组成，台阶的宽度和高度变化都会对人的行走速度产生影响。学者研究发现，人在楼梯上行走的速度约为平地上的 50%，当然，下楼梯的速度会快于上楼梯的速度。③ **扶梯**。扶梯是地铁站最主要的垂直通行方式。一般情况下，扶梯的宽度可并行两人，一侧为慢行区、一侧为快行区，多数人会与扶梯同步，乘客在扶梯上呈均匀分布状态。④ **斜坡**。行人在斜坡上移动的速度与坡度有关，相关调研显示②，当坡度不超过 5%时，人流速度几乎不受影响；当坡度达到 10%时，流速也将降低 10%；坡度达到 20%，流速将会降低 25%。⑤ **闸机**。无论出站和进站，乘客都需要经过闸机验票，而闸机对人流的约束较大，往往会有短暂滞留。对于有明显潮汐客流的车站，最好设置一些双向闸机，这样能

① 单庆超. 城市轨道交通人流运动建模及仿真[D]. 北京：北京交通大学，2009：20.

② 单庆超. 城市轨道交通人流运动建模及仿真[D]. 北京：北京交通大学，2009：23.

最大限度地适应潮汐客流，减少因单向闸机数量不足导致乘客过度滞留的可能性。

⑥ 站台。唐明等学者对站台人流情况做过专门研究，他们认为站台人流主要有三个特征①：第一是站台的人流速度普遍高于城市人行道、商业街等空间的人流速度，由于楼梯对人流有瓶颈作用，在站台区临近楼梯的位置，人流易从自由流动状态转换为相对拥挤状态；第二是在站台候车区，车辆到达前乘客通常呈相对规则的列队形式，车辆到达屏蔽门开启后，为了避让下客流，上客流会由列队形式变为扇形人群分布在车门区域；第三是站台区人流密度受车辆调度频率影响较大，呈现有规律的波动式变化，车辆进站前人流密度最大，车辆驶离后人流密度最小。

2）人流的时空分布特征

不同线路、同一线路的不同车站，客流在时空分布上有明显不同，而且有一定规律可循②。

人流的时间分布特性：地铁人流量在工作日的一天内有两个高峰期（图 2-6），呈驼峰形分布（周末无明显高峰期），受上班、上学和下班、放学影响，两个高峰分别是上午形成的早高峰和下午形成的晚高峰，其他时间段是人流平峰期，这一特征郊区线路体现的比较突出。具体到每个车站，高峰和平峰时段存在着较大的差异。如位于商业中心或城市中心的车站，人流高峰期与平峰期差异就比较小，一天内的人流分布比较均衡；而位于非中心区的车站，一天内会存在比较明显的人流高峰期和平峰期差异。车站周边用地性质比较单一的情况下，该区域车站会有非常明显的潮汐客流现象：如果车站周边用地多为住宅区，早高峰会出现上客流较多、下客流较少的现象，晚高峰则出现下客流较多、上客流较少的情况；如果车站周边用地多为就业区，早高峰与晚高

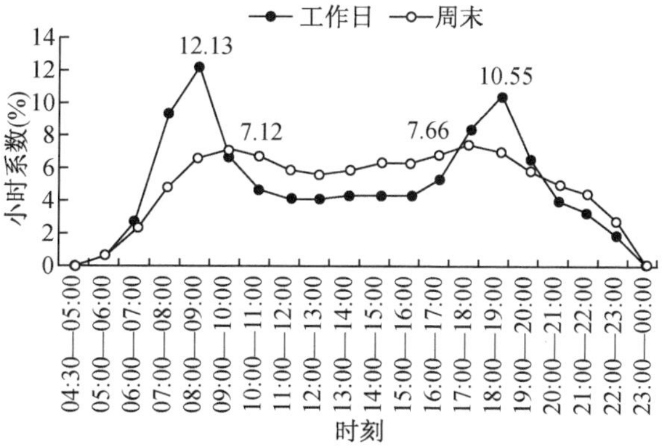

图 2-6　工作日、周末人流分布图

资料来源：马亮提供

① 唐明，贾洪飞，杨丽丽. 城市轨道交通车站站台行人交通特性[J]. 城市交通，2010，8(4)：47-51.

② 聂英杰. 城市轨道交通的客流特性分析[J]. 地下工程与隧道，2003(4)：20-23.

峰的上、下客流情况则与上述相反。

人流的空间分布特性：就人流在线路上的分布状况而言，受线路穿越区域影响较大。对于穿过城市中心区域的线路，从起始站至中心站，人流量会逐渐增多，在客流断面上会呈现两端小、中间大的橄榄形分布；对于由城市中心区通向城市外围的线路，人流量会呈现从中心区向外围逐渐减少的水滴形分布；对于城市环形线路，由于沿线开发程度和性质相对均衡，人流量在全线的分布也比较均衡。具体到每个车站，进站人流和出站人流会选择最便捷的路径到达自己的目的地，因而，车站位置、出入口位置与周边环境的关系决定着进出车站客流在车站各空间的分布，且分布状况直接影响通道和站厅设计。

值得注意的是，在我国北京、上海等一些特大城市，城市中心区域的车站，即便在平峰时期，人流也常常处于拥挤状态，由于人流密度较大，会严重阻碍通行速度，对于这些车站，如何保障乘客快速、便捷、安全地进出应该是车站设计的重中之重。

2.3.2 车站环境特性

由于主要的研究对象是地下站，因而，车站环境的主要特征基于地下空间环境，地下空间的特点是决定车站环境特征的前提条件。地下空间有哪些特性？人在地下空间的心理状态如何？这些都会对地铁车站的室内设计产生影响。

1）地下空间物理环境特性

热环境：热环境主要包括空气温度、空气湿度和气流速度三方面的内容，与地上建筑热环境相比，地下空间的热环境有很大的不同。由于地下空间密闭性好，与室外环境相对隔绝，其温度和湿度比较稳定，可以说，恒温恒湿是地下空间的一个优点。但地域不同、与地表的距离不同（地表 8 m 以下温度波动很小），地下空间的温、湿度也有很大差异，换言之，地下空间恒定的温度和湿度未必符合人体对热环境的舒适性要求，有些地区甚至与舒适温、湿度偏差很大。以 8 m 以下地下空间的温度为例，我国东北地区地温在 10℃左右，华北地区在 15℃左右，江南可能达到 20℃甚至更高。另外，地下建筑长期使用后，温度会有所提高，如日本东京地铁银座站，1955 年站内夏季温度 28℃，冬季温度 15℃；1970 年，夏季达到了 31℃，冬季上升到了 18℃[①]。同时，在无外力作用

① 童林旭. 地下建筑学[M]. 北京：中国建筑工业出版社，2012：496.

下，地下空间的气流速度非常低，有时趋近于零，这对人体对流散热和蒸发散热非常不利，因为，适当的气流速度虽不能改变空气温度，但能使人体散热畅通。可见，地下空间要获得满足人体舒适度的热环境，很大程度上要依赖于人工空调系统的调控，其能耗要高于地上同等类别的建筑。对于人体舒适度的范围，不同国家的标准存在一定差异，但差别不大。比如，人体对温度的适应范围大体在16℃～27℃①，夏季偏高，冬季偏低，以冬季为例，我国严寒和寒冷地区供暖标准为18℃～24℃，夏热冬冷地区标准为16℃～22℃，而日本标准为20℃～22℃；又如，人体相对湿度的适应范围在40%～60%，我国公共建筑相对湿度标准为40%～60%，而日本的为50%～60%。显然，虽然标准不同，但都在人体热舒适范围之内。

湿辐射是地下空间热环境的另外一个问题。地下岩石和泥土中含有水分，往往导致地下建筑湿度较大，空调系统虽然能将室内相对湿度控制在人体舒适可接受范围之内，但却无法消除因净水压力作用，岩土中水分从建筑围护结构往室内空间的渗透，这种现象被称为湿辐射。在地铁站内，湿辐射的水分透过钢筋混凝土结构后，首先影响的是室内装饰层，尽管装饰层与结构层之间会留有一定的间隙，但两层之间的相对湿度会非常大，而空调除湿系统对此却无能为力，这就对装饰材料的抗湿辐射能力提出了较高的要求。

光环境：地下空间往往给人昏暗、封闭、抑郁的感觉，良好的光环境虽不能完全克服人们对地下空间的心理不适，但也能极大缓解由此带来的负面影响。光环境分为人工光环境和自然光环境，地下空间最大的问题是引入自然光的难度较大，特别是对于深埋地铁站，引入自然光的难度更大。自然光不仅绿色、环保，还有利于人的身心健康，这对于阴暗、潮湿、封闭的地下空间而言，无疑是非常重要的。人们早已习惯了室外环境下自然光的变化，能够依据光线变化感知、推测时间，但在自然光不够充分的地下，人们无法感知外界的变化，容易产生不安的心理。尽管人工光一定程度上能够取代自然光，也能够营造照度适宜、均匀的良好光环境，但并不能从根本上消除人们在地下空间不安全的心理感觉。显然，能够将自然光引入地下建筑，不仅是单纯节约能源的问题，更重要的是人的精神需求。为了让地下空间充满活力，成为城市中真正意义上的场所（场所是

---

① 童林旭. 地下建筑学[M]. 北京：中国建筑工业出版社，2012:494.

对人有吸引力的空间)，自然光的引入至关重要。我国已建的车站中，在引入自然光方面做得相对保守，虽然有些站点也在探索引入自然光的问题，但多数均屈从于现实的困难及种种限制条件，引入自然光的设计理念也仅停留于概念设计阶段。

声环境：声环境主要有两方面内容，一方面是声信号有效、清晰地传递，另一方面是噪声强度应在合理噪声级以下。在地铁站内，公共语言有较高的清晰度，对于乘客顺利乘车，提高乘客通行效率，有非常明显的作用。特别是在突发事件中，人们如果能够清晰、准确地接受广播系统传递的语音信息，自然会增加安全逃生概率；同理，地铁站的噪声高时，不仅影响人的生理、心理健康，也会影响有效声音的清晰传递。

地下建筑有较强的封闭性，优点是可以隔绝城市中的噪声，但缺点是自身的噪声也难以扩散出去，易产生较强的反射声。从空间形态角度而言，地铁站的站厅和站台多为长空间和扁平空间，声音在这种空间中的衰减比在自由声场里慢，主要是因壁面对声音的反射造成的，特别是壁面为强反射材料时，这种效应更明显，如果为扩散材料，则作用相反①。有研究者对地铁站的噪声进行分析后认为，主要噪声源是由人流造成的(走动、交谈、电话等行为产生的声音)，约占50%；其次是列车进站、出站产生的噪声，约占30%②。一般车站，由于客流少，地铁站受列车的影响较大，噪声随列车进出车站呈明显高低起伏的规律；而换乘站由于人流量较大，人流产生的噪声所占比重较高，加之车次频繁，噪声并没有明显的高低变化规律。因此，适当地扩散声音并降低人流和列车进出站产生的噪声对营造良好的车站空间声环境至关重要。其中的难点是地铁人流产生的噪声无法隔绝(列车进出车站的噪声可通过屏蔽门隔绝，有较好的隔音效果，可以有效降低噪声峰值约6dB③，特别是岛式站台效果明显)，只能通过室内材料吸收和适当扩散进行降噪，但现状并不乐观。就笔者调研的情况看，我国地铁站顶面材料主要是微孔铝板、铝挂片、铝管等材料，对声音有一定的扩散和吸收作用，但墙面主要是瓷砖、铝板、石材等强反射材料，不利于声音扩散和噪声吸收，室内设计师显然没有从声环境设计角度来考虑装饰材料的选用。

空气质量：空气湿度大、空气不清新是人们对地下空间空气质量的普遍直观感受。

---

① 席天宇. 中国城市地铁站声环境设计策略研究[D]. 哈尔滨：哈尔滨工业大学，2008：51.

② 席天宇. 中国城市地铁站声环境设计策略研究[D]. 哈尔滨：哈尔滨工业大学，2008：30.

③ 马龙，权伟，秦银刚. 天津地铁地下空间声环境测量研究[J]. 天津建设科技，2015，25(6)：52-54.

事实确实如此，由于地下建筑一般无法通过门窗直接与室外进行空气交流，导致地下空间缺乏新鲜空气，在夏季，潮湿的空气还会给细菌繁殖提供温床。地铁站作为人流密集的地下场所，所面临的不仅是上述问题，还有 CO、CO_2、悬浮颗粒物、甲醛超标等问题。当然，不同城市的地铁站，甚至同一城市不同车站所面临的具体问题也不相同。以上海地铁为例，地铁站内就存在 CO_2 和颗粒物超标的问题。叶晓江等学者对上海地铁站站台层 CO、CO_2、三种粒径颗粒物（PM10、PM2.5 和 PM1.0）、甲醛 4 种常见污染物测量后发现①：CO_2 普遍高于标准值，特别是换乘站，由于人流量较大，主要源于人员呼吸的 CO_2 浓度更高；另外，颗粒物平均浓度超标严重，以危害健康较大的 PM2.5 而言，其浓度远高于美国 EPA 标准，其在颗粒物中所占的比例也比较大，对乘客健康有着严重的威胁。也有学者认为，细颗粒物比重偏大主要与列车的运行方式有关，列车车轮与轨道摩擦、地铁封闭运行等都会引发细颗粒物的产生与聚集，来自隧道的颗粒物也难以排至室外。以上问题，当前主要依靠安装屏蔽门减少活塞风影响，改善通风，空调系统的通风、除湿能力等方式解决。除此之外，绿化对吸收 CO_2、吸附颗粒物、净化空气质量也有显著作用，还能丰富空间环境、给地下空间带来勃勃生机，应作为一个可行的方向进行探讨。

2）地下空间的心理环境特征

地下空间的开发为城市发展提供了更多的资源，然而，随着开发层次的不断提高，一些问题也随之而来，人在地下空间中的心理障碍就是其中一个重要问题，影响着地下空间综合效益的发挥。对不同学者的相关研究进行归纳，可以发现人在地下空间的心理障碍主要有两个，一是缺乏安全感；二是缺乏方位感。

吉迪恩・S・格兰尼认为，在人类历史文明的进程中，对地下空间虽有零星利用，但大规模利用地下空间解决城市问题的方法还有待完善，由于过去严重缺乏实践经验，一些城市地下空间设计的环境很差，难以满足当代社会的规范和标准要求，地下空间往往是令人不愉快的环境，常常与黑暗、潮湿、疾病等印象联系在一起②。从格兰尼的这

---

① 叶晓江，连之伟，蒋淳潇，等. 上海地铁站台环境质量分析[J]. 建筑热能通风空调，2009，28(5)：61-63.

② 吉迪恩・S・格兰尼，尾岛俊雄. 城市地下空间设计[M]. 许方，于海漪，译. 北京：中国建筑工业出版社，2011：11.

段话中不难看出，城市地下空间给人的印象是不安全的。也有学者通过对地下空间的工作人员调研后发现，工作人员普遍担心长时间在地下空间工作会影响健康，担心发生水灾、火灾、地震等灾害后无法逃生，这些担心说明了地下空间工作人员的不安全感更加强烈。人们在地下建筑中为什么会产生上述感觉呢？主要有两个原因①：(1) 习惯作用。人不是穴居动物，长期以来，人类已经适应了地表的生活环境，习惯了人与自然"光合作用"的外部场所。在这种环境下，人的生理与心理才能达到最佳的刺激效益，感到舒适。而地下空间具有封闭、遮光、潮湿等特点，完全不同于地表环境，人们感觉不到习惯的外部环境刺激，很容易产生心理上的羁绊，导致对环境的不认同、无归属，产生不安全感。(2) 无意识作用。即使地下空间的环境与地上建筑一样，人们还是会产生各种恐惧、不安的心理，主要是因为人们脑子里已经有了地下环境"心理地图"的"无意识"，这个心理地图是负面的、消极的、黑暗恐惧的。清除心理上的"无意识"是非常困难的，除非不让人知道他身处地下，或通过室外化的设计手法让人没有意识到已经进入了地下空间，其难度可想而知。

方位感是指人通过对周边环境的综合判断而确定自身所处位置的知觉，这是人最基本的生物性之一。生活经验告诉我们，人在地下空间购物、游乐时，经常会不自觉地问自己，我在哪个位置？该怎么走？如果通过周边信息能确定自己所处位置，就会心情放松；反之，就会产生急躁、不安的心理情绪。孙清军通过现场调研和问卷的方式对哈尔滨 3 个地下商业空间心理环境质量综合测评后发现②：地下空间影响人心理环境的三个重要评价要素是方位感、安全感和舒适感。调查结果显示，三个评价因素中，被调研者对方位感最为敏感，且满意度最低。就地铁站情况而言，在一般的小型地下车站，人们并不觉得定位有什么难度，但在一些规模较大的换乘站，明确方位就变得非常困难。地下空间为什么会出现这种方位感知困难的状况呢？主要有下述两方面原因③：(1) 空间环境因素。地下建筑的主要部分都封闭于地下，缺少室外景观和人们

---

① 束昱，彭芳乐. 地下空间环境对人的心理影响及设计对策[J]. 地下空间，1990，10(4)：289-295.

② 孙清军，李伟，陆诗亮. 创造优质地下商业心理环境——地下商业空间方位感的建立[J]. 哈尔滨建筑大学学报，2000，33(4)：83-88.

③ 孙清军，李伟，陆诗亮. 创造优质地下商业心理环境——地下商业空间方位感的建立[J]. 哈尔滨建筑大学学报，2000，33(4)：83-88.

熟悉的环境声，人们难以借助外部环境形成自己的时空观。因而，人们在地下空间脱离外部环境后，容易产生封闭、迷乱的心理感觉。另外，地下空间的平面形式日益复杂(特别是地铁站，平面形式还要受城市规划各种条件的制约，常常导致换乘通道折弯过多)，同时，地下空间的设计风格又过于统一，这些都会对人方位感的形成产生消极影响。

(2) 心理因素。人们不能依据地面建筑的经验或通过建筑外形来理解地下建筑，只能通过室内环境进行体会、判断。因而，人们在心理上会对地下空间产生不安和恐惧感。另外，地下空间新鲜空气缺乏、交通拥挤、噪声多，也会引起人们心理上的不适。这些消极的心理情绪如果持续时间过长、反复次数过多，就会形成心理障碍，在人的潜意识里形成“迷路感”，从而削弱人的空间方位感。

2.4　本章小结

本章对城市地铁及车站的相关基础知识做了系统地梳理，主要有三个方面的内容。

(1) 简要分析了地铁产生的背景，回顾了国内外地铁发展、演变的基本历程，阐述了地铁对城市发展的各种积极意义。

(2) 介绍了地铁车站三大功能构成：车站主体(站厅、站台、设备用房、辅助用房)、通道和地面附属建筑物，重点论述了站厅、站台的作用与功能构成。简述了车站分类及其特征：首先从整体上按车站与地面关系、车站运营性质和车站结构断面形式三种分类方式介绍了不同类型车站的特征；然后从空间形态角度分析了楼层式站厅、楼廊式站厅、桥式站厅和独立式站厅的主要特征与区别；最后探讨了岛式、侧式和岛侧混合式三种站台的特征和优缺点。

(3) 分析了楼梯、扶梯、通道、闸机等车站环境对人流的影响，比较了不同线路、不同车站人流在时空上的分布规律与特征；探讨了地下车站空间热环境、光环境、声环境及空气质量环境不同于地上建筑的基本特性和优缺点，分析了人在地下空间缺乏安全感和方位感的主要原因。

第三章

地铁车站空间的现状调研与分析

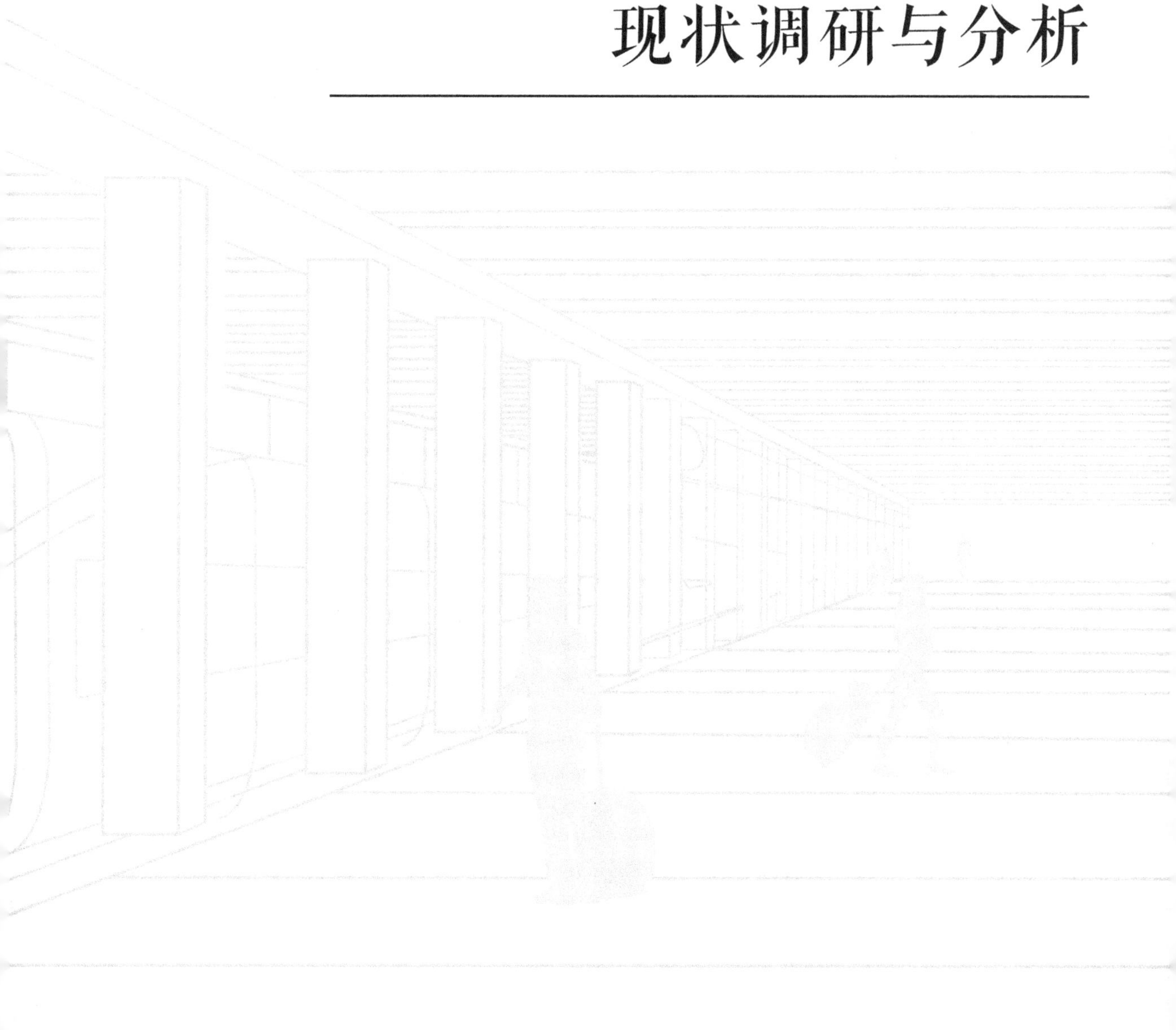

笔者认为，对地铁车站空间装饰用材和照明现状的调研是研究的前提和依据，在现状调研基础上，基于发现的问题，才能有针对性地提出具体的节约型设计原则与策略。因此，2014 年 7 月和 8 月，笔者与课题组成员对我国主要城市地铁线的车站空间展开了集中调研，拍摄、测量、记录了相关资料与数据，并对调研结果进行了统计。本章将在分析调研成果的基础上，阐述我国地铁车站空间界面材料与照明方面的现状，分析界面设计与照明设计存在的问题，并探寻成因。

3.1 调研综述

3.1.1 调研目的

绪论部分已经说明，资源短缺与能源匮乏已成为世界各国共同面对的挑战。我国政府在十八大工作报告中也明确提出，走节约型发展之路，全方位节约各产业对资源、能源的无谓消耗。建筑产业是对资源和能源严重依赖型行业，特别是我国，由于前期设计和建设管理过于粗放，导致同等建设规模情况下，资源、能源消耗远高于欧美发达国家，因此，展开节约型建筑的研究与实践有着迫切的现实意义。近些年，我国学者对普通民用与公共建筑的节约问题关注较多，研究成果丰硕，但是，在地铁车站空间的节约型设计方面，学者们和设计师们关注较少，此领域无论是理论研究还是实践探索都亟待充实和完善。为了更好地研究和探索车站空间的节约型设计问题，首先应明确我国车站现存的问题，并分析其原因，然后才能提出具有针对性的应对策略。因而，本调研的目的是，希望通过调研全面了解我国车站空间的界面用材和照明现状，为后期研究提供一手资料。

3.1.2 调研方法

本调研主要采用四种方法：(1) 观察法。采用此方法，了解车站空间各界面所用材料类别，了解照明光源类别、照明方式等信息。(2) 访谈法。针对调研期间发现的问题，与车站工作人员和乘客面对面交流，通过访谈，了解工作人员和乘客对这些问题的态度与建议。(3) 实测法。使用照度计(TES1300A)实测车站站厅、站台、通道空间地面照度。由于地铁站属于人防工程，管理比较严格，调研时不方便按《照明测量标准》(GB/T 5700—2008)的规定，对每个车站空间照明的照度进行详细测量。因此，测量时，从视觉感受出发，每个空间按照明强度分别选择高、中、低 3 个测点，然后求平均值作为实测平均照度。对于站台层，如果候车区与中间区域照度差过大，将其分为两个独立区域分别测量求均值。当然，采用这种简化测量的方法，无法获得每个空间精确的平均照度值，但是，这些结果作为策略研究的依据，是可以满足要求的。另外，在测量时间上，尽量选择客流高峰期。(4) 图像记录法。调研过程中，会发现一些普遍存在的典型性问题，对于这些问题，通过相机拍摄的方法将其记录下来。

3.1.3 调研对象

截止到 2015 年 3 月，中国大陆地区开通地铁的城市有 22 座①，这些城市分别是：北京、上海、广州、深圳、南京、长沙、成都、重庆、天津、沈阳、杭州、武汉、苏州、大连、长春、西安、昆明、佛山、郑州、宁波、无锡、哈尔滨。22 座城市中，建设时间较早且通车里程多的城市是北京、上海和广州，可以说，这 3 座城市在地铁的建设和运营方面已经有了比较好的基础和成熟的经验。而其他城市或者在通车时间上，或者在运营里程上与上述 3 座城市有较大差距。本次调研主要选择了北京、上海、杭州、苏州、南京 5 座城市中已经运行的地铁线为调研对象。北京、上海和南京通车线路较多，此次调研并未完全囊括所有线路，主要依据通车时间选择一些具有代表性的线路进行调查，其他 2 座城市

① http://www.mishinan.com/wenda/1527.html

由于运行线路较少，则全部进行了调研。此外，调研并非针对每条地铁线的所有站点，而是有目的地选择一些重点站、换乘站和标准站。本次共调研了 15 条地铁线的 74 座车站，调研具体线路与站点如下。

北京地铁：北京是我国第一个拥有地铁的城市。北京地铁 1953 年已开始规划，60 年代中期开始建设，1 号线和 2 号线 1971 年就开始运行，截止到 2014 年 12 月，北京已有 18 条运营线路，268 座车站(换乘站不重复计算)，总里程达到了 527 千米①。18 条线路中，20 世纪开始运营的只有 1 号线和 2 号线，其他线路全是在 21 世纪开通运营，21 世纪开通的线路中，除 13 号线外(2002 年运营)，其他均是在 2007 年至 2014 年开通。以通车时间为依据，并适度拉开时间点为选择原则，北京地铁主要选择了以下几条线路的车站进行调研：北京地铁 1 号线(通车时间是 1971 年 1 月，具体站点为公主坟站和木樨地站)、北京地铁 5 号线(通车时间是 2007 年 10 月，具体站点为宋庄站、磁器口站和东单站)、北京地铁 8 号线(通车时间是 2008 年 7 月，具体站点为北土城站、奥体中心站、奥林匹克公园站和西小口站)、北京地铁 10 号线(通车时间是 2008 年 7 月，具体站点为公主坟站、泥洼站、大红门站、海淀黄庄站、牡丹园站、北土城站和金台夕照站)、北京地铁亦庄线(通车时间是 2010 年 12 月，具体站点为宋庄站和小红门站)、北京地铁 9 号线(通车时间是 2011 年 12 月，具体站点为六里桥站、七里庄站和白堆子站)、北京地铁 6 号线(通车时间是 2012 年 12 月，具体站点为慈寿寺站、北海站、南锣鼓巷站和花园桥站)、北京地铁 14 号线(通车时间是 2013 年 5 月，具体站点为七里庄站和大井站)，共 8 条线 27 个车站。

上海地铁：上海第一条地铁线是地铁 1 号线，1995 年 4 月开始运营，是继北京和天津地铁之后我国大陆地区投入运营的第三条地铁线。截止到 2014 年 12 月，上海共开通地铁线 14 条，地铁站 337 座(换乘站重复计算)，运营里程 548 千米②。与北京地铁相比，上海地铁虽然线路略少，但通车里程与车站数量却略高于北京地铁。上海地铁除

① http://baike.baidu.com/link? url=faEn8_57abKosXPodM3zkEKMwkC1lJCqiQ0kJyW1aR-XyxJbhwtekFM3QanYf66-uFFDexAP4z0H8XVjXU4ESPg2bj8ZmbGgMXRNHCLGEAy

② http://baike.baidu.com/link? url=7Gr2ciQYnFej7hOYEzVYW7oxCmvfrjfZGPOHZj4jSOKmhdxjxc1PNbid1mGaMiJy5va1kjJVNFzVxt7Dvb4HvuVvRKb9A7Tj4_ovBVz6z7_fb0EeMvTc55lm1amkqNFyaXJK6XpkDRAH19eCBc1PmBLNI62fhTFL1khJcLH_qgKmz0EqK8F8RulBgT-Y4Pio

1 号线是在 1995 年开通外，2000—2014 年，几乎以每年新开一条地铁线的速度比较紧凑、平稳地完成了其余 13 条线路。选择上海地铁线及车站的原则依然与北京地铁相同，开通时间仍是重要参照依据，主要选择以下线路为调研对象：上海地铁 2 号线（通车时间是 2000 年 6 月，具体站点为静安寺站、人民广场站和南京东路站）、上海地铁 8 号线（通车时间是 2007 年 12 月，具体站点为耀华路站、中华艺术宫站、大世界站、人民广场站和曲阜路站）、上海地铁 6 号线（通车时间是 2007 年 12 月，具体站点为上南站和高青路站）、上海地铁 9 号线（通车时间是 2007 年 12 月，具体站点为赵家浜站和陆家浜站）、上海地铁 11 线（通车时间是 2009 年 11 月，具体站点为曹杨路站、交通大学站、徐家汇站、龙耀路站、三林站和御桥站）、上海地铁 7 号线（通车时间是 2009 年 12 月，具体站点为东安路站、静安寺站、后滩站、耀华路站和高科西路站）、上海地铁 10 号线（通车时间是 2010 年 11 月，具体站点为虹桥火车站站和南京东路站）、上海地铁 12 号线（通车时间是 2013 年 12 月，具体站点为曲阜路站、天潼路站、提篮桥站、大连路站、巨峰路站和江浦公园站）、上海地铁 13 号线（通车时间是 2013 年 12 月，具体站点为金沙江路站、真北路站和丰庄站），共 9 条线 34 个车站。

杭州地铁：杭州地铁规划线路有 13 条，但截止到 2015 年 6 月，杭州开通运营的地铁仅有地铁 1 号线。地铁 1 号线共有 48 千米，31 座车站，于 2012 年 11 月开始运营①。杭州地铁 1 号线的调研站点是：龙翔桥站、凤起路站、武林广场站、西湖文化广场站和杭州东站。

苏州地铁：苏州地铁远期规划线路有 9 条，线路里程约 380 千米，截止到 2014 年 12 月，苏州地铁已有两条线开通，分别是 1 号线（2012 年 4 月通车）和 2 号线（2013 年 12 月通车）②。由于苏州地铁各站点设计比较统一，即使不同线路之间也没有较大差异，因此对苏州地铁调研的站点较少，主要有 1 号线的养育巷站、相门站和 2 号线的三香广场站 3 座车站。

---

① http://baike.baidu.com/link? url=r6ORwEh8P-J8NXi2RvAZlz-wgHLCQargP7mp5ysb86voadWMGcCsqVuqLM1TG_EguqfBKwDbx1MJiTzGOt5HIa

② http://baike.baidu.com/link? url=5vj-Z0jDHVelI1r8ddfgsoOtOrmMF-T05C6klmARLxM6ubVC16ykr_PHo74WILcUoiLoxNIaYjWyw8THhGbb7WoDq3cCUx4wa-a-LTkcgpVssSgKlYxJfVDndBIJhI8EamxRD1fLnuQ6imOhaUisEqh0cgzHqW5xjIhwHLM61RxI21Mpsc3SmCSB9BBISOo7

南京地铁：南京地铁1号线于2005年4月开通，是大陆地区第六个运营地铁的城市，截止到2015年5月，南京已开通运营6条地铁线①。本次主要调研了南京机场线的南京南站、翠屏山站，南京地铁10号线的临江站，南京地铁1号线的鼓楼站和三山街站。

3.1.4 调研内容

调研主要包括两方面内容：一方面是站点空间界面（站厅与站台的顶面、墙面、柱面和地面）装饰材料的使用现状；另一方面是照明的平均照度②情况（站厅、站台和通道的照度）。除此之外，也兼顾一些其他相关内容。

3.2 调研结果分析

3.2.1 车站空间装饰材料的使用现状

对装饰材料使用状况的调研，主要针对站厅空间与站台空间，因为预调研发现，绝大多数地铁站通道空间使用的装饰材料与站厅层相同，故本研究不再对通道的材料使用情况进行调研。此次共调研了50个站点空间的站厅和站台，具体信息见附录A，下文将对调研对象各界面的材料使用状况进行分析。

1）站厅空间

顶面材料使用现状。从图3-1可以看出，站厅层吊顶材料使用有如下几个特点：（1）吊顶材料款型较多。除少数站厅没有使用吊顶材料外，其余站厅所用材料有7种

① http://baike.baidu.com/link?url=TdgZ1BoDea5rPZ9Mum5yZZL0FDVPRe2QcQ13TaZJrr18N0Rbd-es6qCRbCbZkTQJnUXxZkasWdenVgdL7M3BH_

② 衡量照明节能有两个指标，一个是照明功率密度值（LPD），另一个是照度。此处并未调研照明功率密度值，原因是：（1）对于地铁车站照明，调研照明功率密度值的难度较大；（2）研究表明，随着照明技术的发展，对于以直接照明为主的照明场景，只要照明的照度值符合照明标准，其功率密度值方面满足标准非常容易。因而，对平均照度的控制是实现照明节能的关键。预调研时已发现，不同车站照明在照度设计上与标准偏差较大，不利于视觉健康和照明节能，所以，此次重点调研照明的照度。

款型，分别是方管型、板块型、丝网型、格栅型、挂片型、框架型和圆管型。（2）材料种类较统一。虽然吊顶材料的样式较多，但种类较统一，除10%的站厅使用钢材外（丝网板和钢架为钢材），其余吊顶均是铝合金材料（有8%的金属板不易判断材料种类，可能是钢材，也可能是铝材）。（3）不同款型材料使用量差别较大。从图中可以看出，铝板和铝方管是站厅吊顶使用最多的材料，分别占52%和40%；其次是铝圆管，占18%；其余材料都没超过10%。当然，有些站厅会同时使用多种材料，如北京地铁6号线的南锣鼓巷站同时使用了铝板和铝方管，杭州地铁1号线的凤起路站同时使用了铝圆管、金属板和丝网板，对于这种情况，**图中会分别计算它们在50座站厅空间中所占的比例（下述其他界面材料分析同理）**。

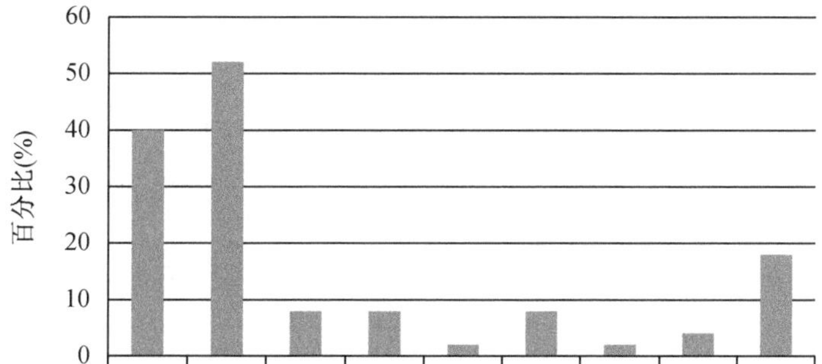

	铝方管	铝板	金属板	丝网板	铝格栅	铝挂片	钢架	无吊顶	铝圆管
■站厅吊顶材料	40%	52%	8%	8%	2%	8%	2%	4%	18%

图3-1　站厅吊顶材料使用现状百分比

资料来源：笔者自绘

由上述分析可知：我国地铁站的吊顶主要使用铝合金吊顶材料，铝材具有质地轻、强度高、防潮性能好等优点，在地下空间有较强的适用性；铝板的使用量较大，说明我国地铁站站厅吊顶遮蔽管线设备的作用明显；格栅、挂片、丝网等吊顶形式比较节省装饰材料，但现实中使用较少，个别站点（上海地铁12号线的提篮桥站和11号线的龙耀路站）在探索无吊顶形式，但仅占总量的4%。

墙面材料使用现状。从图3-2可以看出，站厅层墙面材料使用有如下两个特点：（1）材料种类多。图中列出了4种墙面装饰材料，分别是金属板（金属板主要包括钢板和铝板，由于一些站点的钢板和铝板无法明确辨认，故这里全部按金属板统计，从实际使用情况看，笔者认为墙面铝板的使用比例高于钢板）、大理石、花岗岩和墙砖。除上述4种材料外，地铁站还会用到烤漆玻璃、陶铝板等材料。(2) 金属板使用比例较大。从图中可以明显看出，金属板材料的使用量在站厅墙面可谓一枝独秀，占到了76%；其次是墙砖，占18%，与金属板的使用量差距较大；其余材料使用量均不超过10%。

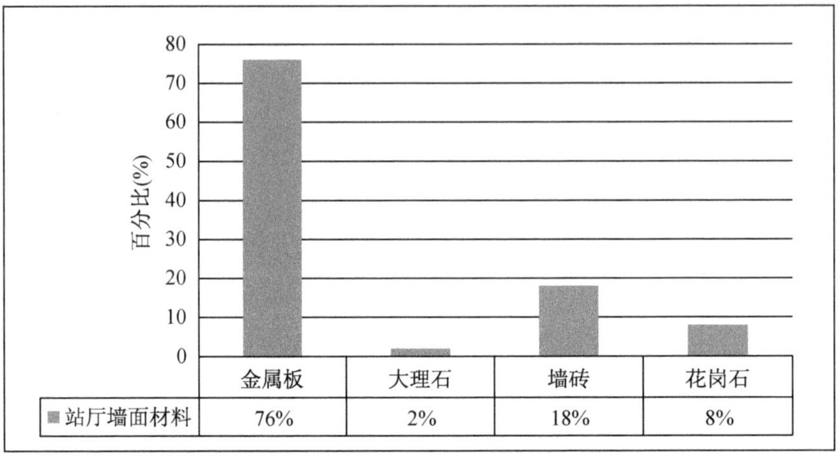

图 3-2　站厅墙面材料使用现状百分比

资料来源：笔者自绘

由上述分析可知，尽管地铁站墙面装饰材料的选择余地较大，但金属板材的使用量是一家独大。众所周知，金属板特别是铝板作为吊顶材料有着其他材料无法竞争的优势。如建筑吊顶常用的石膏板、矿棉板等材料不仅强度不如铝板，防潮性能也比较弱。但为何在墙面上也占据这么大的优势呢？笔者认为，有如下两个原因：(1) 材料外形美观。金属板的长度和宽度可按设计要求灵活加工，由于金属板单位面积重量轻，可加工成较大规格的板材使用；另外，金属板具有丰富的色彩和纹理，可满足设计的多样要求，且块面较大的金属板用于开敞的站厅空间，可以呈现既整体又现代的视觉形象。相反，大理石、花岗岩、墙砖等材料，不仅在颜色、纹理的选择上余地较小，而且如果材料规格过大，不利于运输和安装。而小规格的石材或墙砖墙面在视觉的整体美感上会大大弱于大规格的金属板。(2) 方便运输安装。金属板弹性好、质地轻、强度高，利于运输安装，而石材和墙砖在运输安装过程中出现损坏的可能性比较大。另外，相对于石材和墙砖的干挂工艺，金属板干挂工艺在施工速度上也有非常明显的优势。尽管金属板用于墙面的优势非常明显，但每平方米的造价要明显高于花岗岩和墙砖，如地铁站经常使用的搪瓷钢板每平方米的材料费就在 800 元左右，异性板的价格更高，这往往使建设方难以承受。其他材料虽然有各种不足，但在价格上具有一定优势。

柱面材料使用现状。在 50 个被调研的车站里，有两个站厅层属于无柱空间，因而，此处的统计基数为 48。从图 3-3 中可以看出，站厅层柱面使用的装饰材料种类与墙面类似，仅北京地铁亦庄线的宋庄站柱体使用了烤漆玻璃。与墙面材料不同的是，柱体对金属板的使用比例达到了 95%，高于墙体使用比例近 20 个百分点，而除马赛克外的其他装饰材料使用量仅分别占 2%。事实上，在被调研的站点中，烤漆玻璃并不是作为单一材料使用在柱体上的，而是与金属板结合使用，如北京亦庄线宋庄站站厅的柱体上（图 3-4），烤漆玻璃用于方柱的两个相对面，而另两个相对面则使用了金属板，鉴于金属板的弹性要强于烤漆玻璃，故柱体阳角处会使用金属板封边。当然，方柱体的 4 个面也可全部使用烤漆玻璃，但在柱体阳角处，必须使用其他材料进行保护，工程中常采用不锈钢材料护角（图 3-5）。同理，墙砖和马赛克材料用于柱体时，转角处也需要其他材料护角。可见，能单独在柱体使用的材料只有金属板和石材，但对于圆形柱体，石材远不如金属板易于加工和安装。另外，笔者认为，相对于墙体，柱体被物体撞击的可能性更大，石材的弹性远不如金属板，想必这也是柱体大量使用金属板的原因之一。

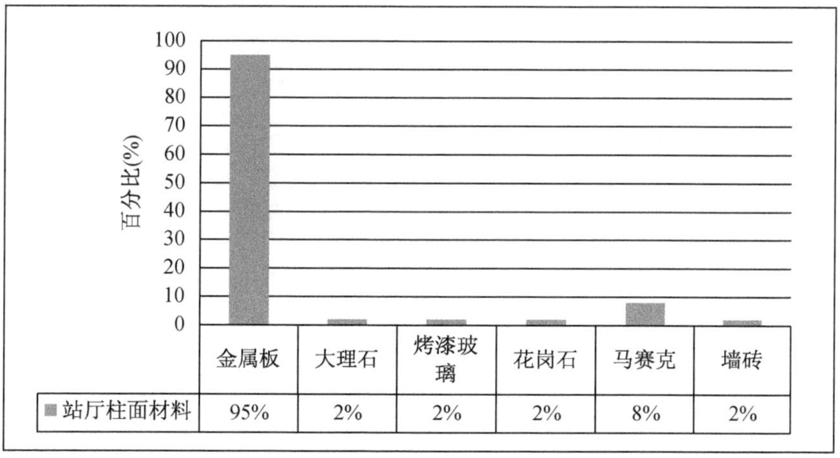

图 3-3　站厅柱面材料使用现状百分比

资料来源：笔者自绘

图 3-4　宋庄站站厅柱面烤漆玻璃与金属板结合效果

资料来源:笔者自拍

图 3-5　柱面烤漆玻璃不锈钢护角

资料来源:笔者自拍

地面材料使用现状。从图 3-6 可以看出,与顶面和墙柱面相比,站厅地面可选择的装饰材料种类较少,主要为石材和地砖。当然被统计的这些站点基本是 21 世纪建成运营的,地面所用装饰材料比较一致,而我国早期建成的地铁站则基本以水磨石为主,如北京地铁 1 号线和 2 号线。水磨石虽然造价便宜,经久耐用,但毕竟难以适应快速化的施工要求,当前很少发现被用于公共和民用建筑。另外,调研过程中发现北京地铁某车站使用了聚氨酯地面，但并未大量普及，说明这种材料用于人流量大的公共空间，有一定的局限性，主要是耐磨性和耐久性不佳。因此，除大理石地面偶尔出现外，当前，花岗岩和地砖应该是我国地铁站站厅地面的主要用材。

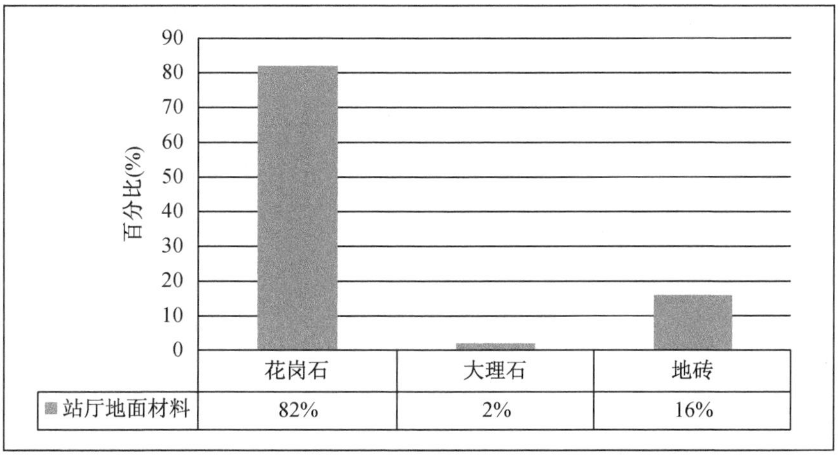

图 3-6 站厅地面材料使用现状百分比

资料来源：笔者自绘

地砖与花岗岩相比，主要缺点是耐磨性不好，用于公共空间的耐久性不如花岗岩，但在价格和无色差方面也有自身的优势，因此，图 3-6 中的比例构成应该是相对合理的。目前，尚无其他材料能够取代这两类材料，未来的探索方向应该是如何进一步合理使用花岗岩和地砖。

2）站台空间

依据设计原理，同一车站的站厅和站台在设计用材上不应产生太大变化，之所以将站台空间单列出来，其目的也是验证二者在用材上是否有差别，为策略研究提供更为全面的现状基础。因此，在分析站台空间装饰材料使用现状时，采用与站厅空间现状比较的方法。

吊顶材料使用现状。从图 3-7 可以看出，站台与站厅空间吊顶使用的材料类型与款型完全一致，在不同材料的使用比例上也没有太大差异，只是铝方管的使用量有所降低，铝板和金属板的使用量略有升高。笔者认为，站台空间金属板与铝板的使用比例之所以比站厅空间略高，其原因是站台是候车空间，与人的关系更为紧密，如果设备管线暴露在外，会给乘客留下不好的视觉印象，采用铝板和金属板吊顶可以最大程度上隐藏设备管线，而其他吊顶形式在遮蔽效果上不如板材。这也从侧面反映出，不同专业之间是相互影响的，提高站点空间室内设计的质量，不能仅从自身入手，尽早介入项目，从整体上协调好各个专业的关系能为室内设计打下更好的基础。

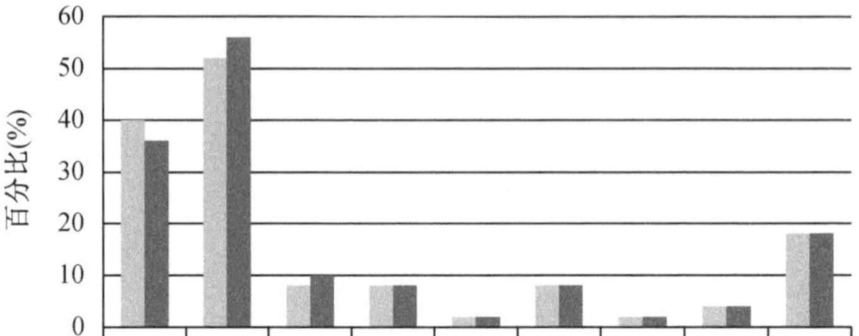

	铝方管	铝板	金属板	丝网板	铝格栅	铝挂片	钢架	无吊顶	铝圆管
站厅吊顶材料	40%	52%	8%	8%	2%	8%	2%	4%	18%
站台吊顶材料	36%	56%	10%	8%	2%	8%	2%	4%	18%

图 3-7　站厅站台吊顶材料使用现状比较图

资料来源：笔者自绘

墙面材料使用现状。从图 3-8 可以看出，站台与站厅空间墙面使用的材料类型与使用比例基本一致，特别是墙面主材金属板的使用量差别不大，但个别材料的使用量也出现了较大差别，主要表现为：站台墙砖使用量有大幅减少，而花岗岩的使用量有所增加；站台层使用了烤漆玻璃，而站厅层没有使用。墙砖减少的原因是北京地铁 8 号线和 9 号线有 4 个车站的站台层墙面与站厅层不一致，站厅使用了墙砖，而站台使用了金属板，造成了墙砖使用量降低；花岗岩使用量增加的原因是北京地铁 10 号线和 14 号线的两个站点的站厅使用了墙砖，而站台使用了花岗岩，另外，个别车站站台层墙面用花岗岩代替了金属板。深入分析产生这种现象的原因，笔者认为，与站厅相比，站台层的墙面较少，多数站台只有纵向尽端和楼梯、电梯部位的少量墙面，即使使用一些高造价的材料也对总的工程造价影响不大；另外，与站厅层相比，站台层与人的关系更为紧密，用档次稍高的材料代替墙砖，在提升环境品质的同时也提高了墙面的抗撞击能力。烤漆玻璃使用量增加的原因，是因为上海地铁 8 号线 4 个站点的站台层局部使用了该材料，站台层多数墙面材料与站厅层还是一致的，主要采用金属板材料。

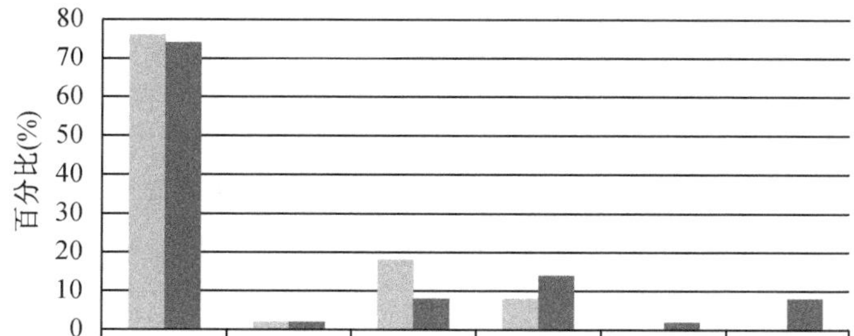

	金属板	大理石	墙砖	花岗石	马赛克	烤漆玻璃
站厅墙面材料	76%	2%	18%	8%	0%	0%
站台墙面材料	74%	2%	8%	14%	2%	8%

图 3-8　站厅站台墙面材料使用现状比较图

资料来源:笔者自绘

柱面材料使用现状。50 个被调研的车站,有两个站台层属于无柱空间,因而,此处的统计基数为 48。从图 3-9 可以看出,站台层柱面材料无论种类还是使用比例与站厅层竟然完全一致,可见,在柱面材料的使用上,站台层与站厅层并没有不同的要求,设计过程中没有必要分开考虑。

	金属板	大理石	烤漆玻璃	花岗石	马赛克	墙砖
站厅柱面材料	95%	2%	2%	2%	8%	2%
站台柱面材料	95%	2%	2%	2%	8%	2%

图 3-9　站厅站台柱面材料使用现状比较图

资料来源:笔者自绘

地面材料使用现状。由于地面用材比较简单,这里不再绘制材料现状比较图。从附录 A 中可以看出，站台地面材料与站厅也基本一致。

3.2.2 车站空间照明的平均照度现状

对照度现状的调研，主要针对站厅空间、站台空间与通道空间。本次共调研站厅 52 个、站台 79 个、通道 12 个，具体信息见附录 B。

1）站厅空间

在被调研的 52 个站厅空间中，绝大多数采用了一般照明的方式，但有 6 个站厅并未完全采用一般照明，主要表现为站厅纵向柱间区域与纵向墙柱间区域的照明有明显亮度差（站厅为双排柱，站厅空间被双柱分为 3 部分，形成一个中部柱间区域和两个墙柱间区域）。因而，此处分两部分分析站厅照度的现状，一部分是一般照明的照度现状，另一部分是分区一般照明的照度现状。

一般照明的照度现状：从附录 B 可以看出，不同地铁线站厅层的平均照度值差异较大，46 个站厅空间里，平均照度最小的是北京地铁亦庄线小红门站的 22 Lx，平均照度最大的是上海地铁静安寺站的 520 Lx，后者的平均照度是前者的 23 倍，可见照度差异之大。为了便于合理分析与比较不同站厅的照度现状分布状况，这里采用以 50 Lx 为一个照度单元的统计方法，将照度单元分为 11 个等级，分别是＜50 Lx、50～100 Lx、100～150 Lx，…，直至＞500 Lx。

《城市轨道交通照明》(GB/T 16275—2008)标准规定，站厅层照度标准为 200 Lx，但从图 3-10 可以看出，与标准照度基本吻合的站厅约占被调研总数的 39%（此处按照度在 150～250 Lx 被认为符合标准，严格意义应在 180～220 Lx），另外有 46%低于标准，其余 15%高于标准，约 6%的站厅照度少于 50 Lx，严重低于标准，6%的站厅照度高于 400 Lx，大大高于标准。低于照度标准过多，虽然节能，但会对人的视觉健康造成影响，易产生安全隐患；而高于标准过多，则会无谓消耗电能。笔者认为，产生这种现象的原因有三：其一是有些地铁线设计建造时，新的轨道交通照明规范并未实施（2009 年开始实施），而老规范已严重脱离现实（1996 标准），导致设计人员无规范可依，完全以自己对照度的理解设计车站照明；其二是新规范实施后，并未得到认真地执行和贯彻，无论设计单位还是监督管理单位，并没有将规范作为强制执行的条文；其三是多数室内设计人员设计照明过于感性，较少以科学、量化的方法设计照明方案，加之监管不严，使得车站照明在设计阶段就不可避免地出现上述问题。对于设计师,如何从感性和理性的双重角度出发,在标准的指导下,设计既节约电能又赋予视觉舒适和美感的车站空间光环境是值得探索的问题。

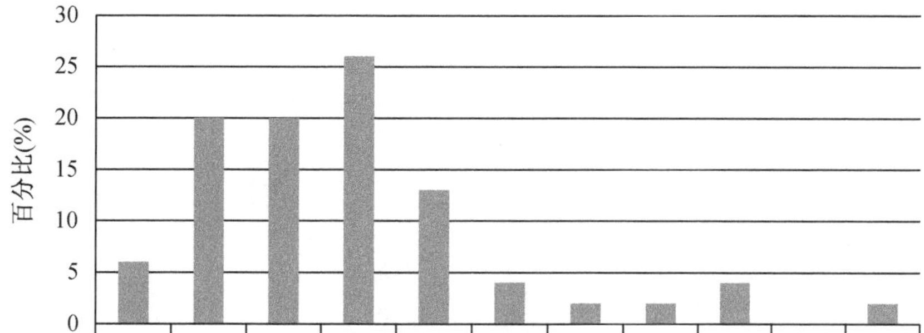

	<50Lx	50~100Lx	100~150Lx	150~200Lx	200~250Lx	250~300Lx	300~350Lx	350~400Lx	400~450Lx	450~500Lx	>500Lx
■站厅平均照度	6%	20%	20%	26%	13%	4%	3%	2%	4%	0%	2%

图 3-10　站厅一般照明照度现状百分比

资料来源:笔者自绘

分区一般照明的照度现状:6 座采用分区一般照明的车站分别是北京地铁 5 号线的磁器口站、上海地铁 8 号线的耀华路站、上海地铁 11 号线的徐家汇站和龙耀路站、苏州地铁 1 号线的相门站和南京地铁 1 号线的鼓楼站。从图 3-11 可以看出,站厅层分区一般照明有如下 3 个特点:(1) 纵向墙柱间区域的照度普遍高于纵向柱间区域。6 个站厅空间中,除龙耀路站外,其余 5 个站厅照明均是这种现象。(2) 照度差基本在 1.5～2 倍。除磁器口站照度差大于 3 倍外,其余 5 个站厅的照度差均不超过 2 倍。(3) 不同车站之间的照度差异较大。这一特点与均质照明类似,原因在上文已做说明,此处不再赘述。为此,这里仅对前两个特点进行讨论。对于第一个特点,笔者认为,产生这种现象的主要原因是照明设计师未充分考虑墙面广告灯箱对纵向墙柱间平面照度的影响,适度降低纵向墙柱间顶面光源的光通量才会使这个区域的照度值更加合理。另外,即使采用分区一般照明,也要结合一些具体功能进行设计,比如检票、售票、扶梯、电梯等区域可以提高照度,其他区域可降低照度。之所以出现上述问题,说明现有站厅分区一般照明设计缺乏合理性。从节约角度看,采用合理的非均质照明可以有效节约能源,也有利于营造亮度层次丰富的光环境,对站厅非均质照明的进一步研究应是本研究的一个探索方向。对于第二个特点，即照度差问题，《城市轨道交通照明》(GB/T 16275—2008)规范要求，作业照明与非作业照明的照度差不应超过 3 倍，由于本调研并未涉及作业照明，所有照明均为非作业照明，因此，从照度差的倍数关系看，并没有不妥之处。

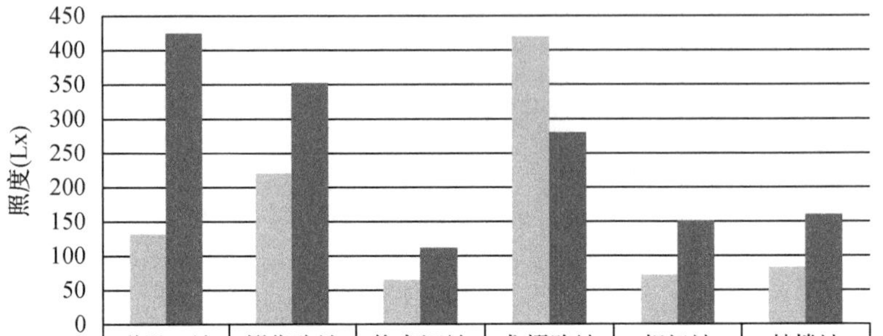

	磁器口站	耀华路站	徐家汇站	龙耀路站	相门站	鼓楼站
纵向柱间	132	220	65	420	72	83
纵向墙柱间	425	352	112	280	151	160

图 3-11　站厅分区一般照明照度比较图

资料来源：笔者自绘

2) 站台空间

笔者共调研了 79 个站台空间的照明(附录 B)，调研过程中发现，绝大多数站台层照明存在明显的照度分区现象，即站台的带型候车区与其他公共区域在照明上有明显的亮度差，仅有个别站台无明显照度分区现象。因此，分析站台照度现状时，主要从两方面展开：一是不同车站带型候车区与其他区域的照度分布现状；二是不同车站照度差分布状况。对于不存在照度分区的车站，统计带型候车区照度与其他区域照度时按同一数值。另外，有两个侧式站台仅有候车区，不计入本次统计，最终参与统计分析的站台空间数量为 77 个。

照度分布现状：从附录 B 可以看出，不同地铁线站台层的平均照度值差异较大，77 个站台空间里，平均照度最小的是上海地铁 10 号线虹桥火车站站的 28 Lx，平均照度最大的是北京地铁 14 号线七里庄站的 435 Lx，后者的平均照度是前者的 15 倍，照度分布区间较大，这一点与站厅层照度分布状况类似。为了便于合理分析与比较不同站台两个区域的照度分布状况，此处仍采用分析站厅照度的方法，以 50 Lx

为一个照度单元，将照度单元分为9个等级，分别是<50 Lx、50～100 Lx、100～150 Lx，…，直至>400 Lx。

《城市轨道交通照明》(GB/T 16275—2008)规定，站台层的平均照度要求为150 Lx，但从图3-12可以看出：与标准照度基本吻合的站台层带型候车区约占被调研总数的47%，站台层其他区域约占总数的33%(此处按照度在100～200 Lx被认为符合标准，严格意义应在135～165 Lx)，符合标准的不足50%；低于标准的，候车区约占28%，其他区域约占44%；而高于标准的，候车区约占28%，其他区域约占23%。整体而言，在照度分布上，候车区照度整体上要高于其他区域。照度过高或过低的现象在站台层依然存在，如北京地铁8号线的奥林匹克公园站候车区照度仅为32 Lx，而上海地铁13号线的丰庄路站候车区照度高达470 Lx。至于可能产生的问题及出现这种现象的原因，前文已有阐述，此处不再赘述。另外，对于多数站台，尽管带型候车区的照度要高于其他区域，但不代表每个站台空间候车区的照度都会高于其他区域。从附录中的统计结果可以看到，对同一站台层，很多车站的情况是候车区的照度反而低于其他区域。如果采用分区照明的话，哪个区域的照度高会更加合理呢？这也是后续研究需要明确的问题。

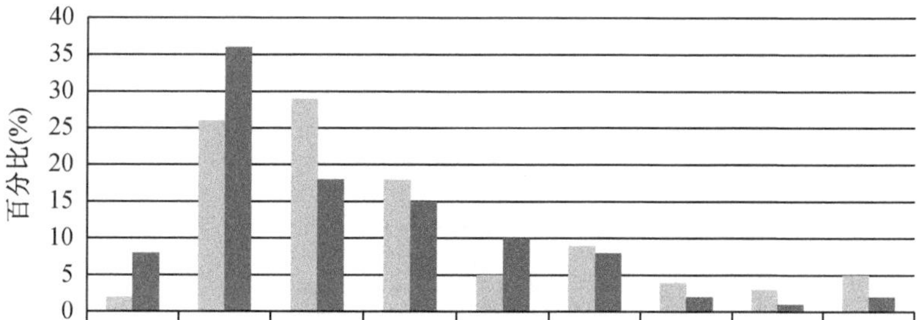

	<50Lx	50~100Lx	100~150Lx	150~200Lx	200~250Lx	250~300Lx	300~350Lx	350~400Lx	>400Lx
带型候车区	2%	26%	29%	18%	5%	9%	4%	3%	4%
其他区域	8%	36%	18%	15%	10%	8%	2%	1%	2%

图3-12 站台候车区与其他区照度分布现状百分比

资料来源：笔者自绘

分区照明的照度差现状：被调研的79个站台空间中，有10个站台空间采用的均质照明方式，不存在分区照明的照度差问题，因而，此处仅分析存在照度差的69个站台空间。从图 3-13 可以看出，有 56%的站台空间照度差小于 50 Lx，这一差值，就人的视觉感知而言，不会感觉到过于明显的亮度差异。所以，虽然多数站台层采用了分区照明方式，但不同分区之间的照度差并不大。另外，对于有些整体照度较低的站点来说，虽然照度差小于 50 Lx，但照度的绝对比值并不小，如上海地铁 10 号线虹桥火车站站，站台候车区照度是 52 Lx、其他区域是 28 Lx，照度差为 24 Lx，小于 50 Lx，但从比值看，候车区照度约是其他区域照度的 2 倍。其他 44%的站台，照度差大于 50 Lx，个别站点高达 200 Lx，在视觉上会感受到明显的亮度变化，特别是整体照度偏低的站点，这种感受会更加明显。但问题是，在没有具体工作任务的情况下，分区照明存在过高的照度差并无太大意义，如果从视觉角度考虑，需要营造有明暗亮度变化的光环境，完全可以采用局部高照度的照明方式代替分区高照度，这样，既节约能源也有视觉美感。事实上，分区照明的照度差过大，会降低人的视觉舒适度，如上海地铁 8 号线的大世界站（图 3-14），候车区照度 362 Lx，中间区域 68 Lx，照度差约有 5 倍，笔者明显感觉不舒服。另外，照明标准中只规定站台层的照度值为 150 Lx，并未涉及分区照明问题，也说明站台层分区照明的照度差过大无实际意义。

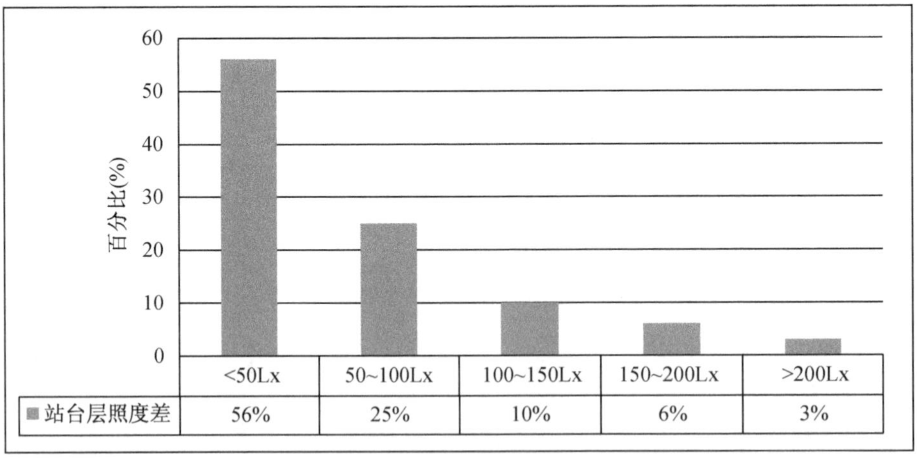

图 3-13　站台层分区照明照度差百分比

资料来源：笔者自绘

3）通道空间

地铁站通道主要包括进出站通道和换乘通道，是联系地铁车站内外和不同线路之

图 3-14　大世界站站台层分区照明

资料来源:笔者自拍

间的过渡和转换空间。其照明设计的重点是应满足乘客进出站和换乘通行时的视觉、安全要求。通道空间的平均照度,国家规定的标准值是 150 Lx。

本研究共调研车站通道 13 个,其照明方式全部为一般照明。从附录 B 可知,被调研的通道中,平均照度最小的是 52 Lx,平均照度最大的是 420 Lx。为了便于合理分析与比较不同车站通道空间的照度分布状况,此处仍采用分析站厅照度的方法,由于调研的通道数量较少,此处的照度单元不再是 50 Lx,而改为 100 Lx,分为 3 个等级,分别是＜100 Lx、100～200 Lx 和＞200 Lx,平均照度在 100～200 Lx 便被认为基本符合照明标准要求。从图 3-15 可以看出,有 46%的通道在照度上符合标准要求,这一数据与站台层候车区的照度分布现状接近(候车区是 47%),而高于或低于标准的通道仍占多数,通道照明依然存在和站厅、站台照明类似的问题和原因。需要提及的是,有些通道空间两侧墙面会设置广告灯箱,由于通道宽度有限(一般在 4～6 m),灯箱照明会对通道平均照度产生较大影响,这一影响因素是通道照明设计不可忽略的。

3.2.3　其他问题与现状

调研过程中,还发现一些有关界面和照明设计的其他问题。尽管有些问题并不是

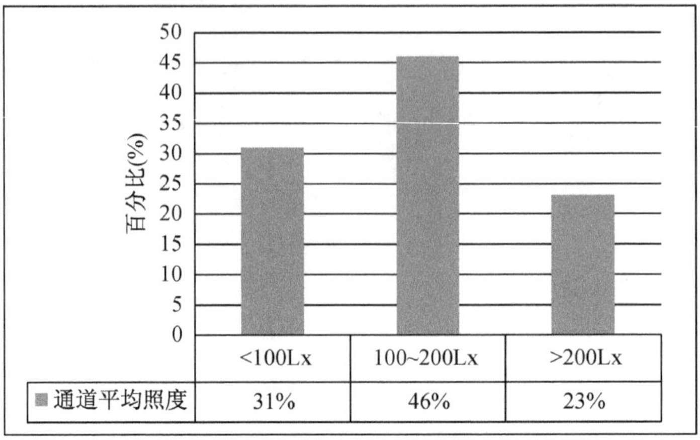

图 3-15　通道平均照度分布现状百分比

资料来源：笔者自绘

普遍存在，但依然值得关注。主要包括以下几个方面。

1）过度设计

地铁建筑中，乘客流量大、流速快、停留时间短，很少有人特意驻足欣赏空间环境。因此，此类空间的界面设计风格多以简洁、明快为主，这也是交通类建筑不同于一般建筑的一个鲜明特征。不过，国内有些车站空间的界面设计明显着力过度，过于强调设计创意与艺术表现，界面材料组织关系复杂，导致后续的材料加工、安装与维护的难度增大。如北京地铁 4 号线的平安里站（图 3-16），站厅吊顶挂满了色彩、规格多样的圆形金属板，显然，设计师用心良苦，希望通过顶面的创意设计丰富界面层次、活跃空间气氛。但可以想象的是，在人流如此拥挤的场所，能有多少乘客会特意驻足、抬头欣赏设计师的精心创意呢？事实上，交通建筑同样需要好的设计创意，但并不意味着只能通过复杂化的“过度设计”才能达到这一目的，基于节约、可持续原则的设计创意会更加符合地铁建筑的特质。

近些年，设计的文化性日益受到重视，设计作品如何反映出地域文化特征，引发了广大设计师的思考。地铁车站设计，如何反映城市地域特征，也是一个热点问题，特别是在历史文化积淀比较厚重的城市，呼吁车站设计要反映地域文化的声音颇高。设计反映文化，方向是正确的，但如果设计方式不当也会出现问题。当前，车站设计最常见的反映地域文化的设计方法有两个：一是通过大型壁画、浮雕、装置艺术等形式体现站

图 3-16　北京地铁 4 号线平安里站

资料来源:笔者自拍

点区域的城市文脉;二是从装修风格上引入传统文化要素的形式,包括色彩、材质、造型等。对于第二种方法,如果仅从色彩和材质角度引入传统文化要素,应该问题不大,但如果再追求传统要素的符号和造型,处置不当的话,很容易设计过度,北京地铁的有些站点就存在这些问题。如北京地铁 6 号线的南锣鼓巷站(图 3-17),为体现站点的地域文化,车站柱体被设计的过于复杂,不仅装饰材料种类多,还有复杂的装饰纹样,显然,这种做法出现在交通建筑里,有些用力过度。其实,传统文化在现代建筑中传承,更多的应是精神层面的传承,而非物质层面,即便是物质化传承,也应采用比较现代化的表达方式,而不是拘泥于具体形式和纹样的使用。

2）堆砌材料

从前文对界面材料使用状况的分析中可以发现,我国的地铁车站室内空间基本以全装修模式为主,这种模式值得商榷。欧洲的巴黎地铁 14 号线和英国地铁朱比利延长线,代表了西方地铁设计新时代的特征,尽管两条线分属不同国家,但二者设计理念有内在的一致性,即强调结构、艺术与室内设计的一体化,通过丰富的空间形态满足功能并体现艺术性,尽量展示原有建筑的结构美和材质美,只在必要的界面进行适度的装

图 3-17　南锣鼓巷站柱体设计

资料来源:笔者自拍

饰。反观我国车站空间的各个界面,基本都满贴了装饰材料。原因有两方面:一是我国地铁站(主要指地下站)的空间形态一般比较简单,很难在空间设计上做文章,只能将希望寄托于最后的装饰美化;二是车站的整个设计过程基本以结构工程师为主导,室内设计师介入较晚,且二者缺少必要的互动。室内设计师接手项目后,为了隐藏原有建筑结构和设备在形式上的缺陷,往往采用全装修的手法对车站公共空间的所有界面进行遮蔽,所谓的设计主要是通过装饰材料的堆砌去美化空间环境。显然,这种先结构后装修的地铁站设计模式,既浪费资源又占据空间容积,更不利于后期维护。当然,采用这种堆砌材料的设计手法是由诸多客观原因所致,也是国内设计师的无奈之举。但是,如果基于节约的设计理念,采用适宜的设计策略,将材料的堆砌感降至最低也是可能的。

3）照明方式不当

好的照明效果与照明方式正确与否有较大的关联，照明方式不当，不仅会影响人的视觉健康，也会造成电力资源的浪费。调研发现，我国地铁站确实存在一些照明方式不当的问题。如上海地铁 10 号线虹桥火车站站的站台层，屏蔽门上方采用了筒灯照明，而非多数车站采用的荧光灯照明。这种筒灯照明方式带来的结果是，会严重影响乘客阅读门楣区域的乘车信息。从图 3-18 可以看到，由于筒灯距离屏蔽门较近，发射出的光束比较集中，光线不但没有照亮各种指示信息，反而在门楣上部留下了一个个眩光点；另外，由于门楣材料的映射作用，门楣顶部位置亮度极高，显得门楣下部更暗，强烈的明暗对比加大了乘客阅读相关信息的难度。对于经常在虹桥站乘坐地铁的乘客而言，也许感觉不到有什么不适，因为他们无须阅读屏蔽门上部的指示信息。但对于刚下火车的外地人，需要阅读那些信息才能判断乘车方向和路程，照明的不当，会让他们视觉上感到强烈的不适。再如上海地铁 7 号线东安路站的站厅层(图 3-19)，沿广告墙顶部采用了檐口灯带照明的方式。如果墙面没有广告灯箱，采用这种方式无可厚非，然而，在有广告灯箱的墙面上采用这种方式是否合适值得商榷：① 就照度而言，沿墙区域有广告灯箱存在，即使顶部没有灯带照明，在照度上也会满足使用要求；② 就视觉效果而言，如果没有广告灯箱，灯带的光线照射在墙面上，会形成较好的洗墙照明效果。但从实际效果看，灯带照明和广告照明产生了冲突，人的视觉更多被吸引到了墙面上部，广告的吸引力大大降低。很明显，设计者进行灯光设计时，忽略了广告灯箱可能产生的影响。

4）照明眩光

由于地铁车站的界面大多使用光洁材料，照明完全没有眩光是不现实的，但是，要做到没有直接眩光是比较容易的，最简单实用的方法是将光源隐藏在具有遮光功能的灯具或者装修材料里。然而，调研发现，直接暴露光源和发光体的现象在地铁站中依然存在，虽不是普遍现象，但也应引起注意。如北京地铁 8 号线的奥林匹克公园站的站台层(图 3-20)，为了与天花板造型呼应，站台顶部使用了大小不一的吸顶灯作为主要照明器具。不过，外置于吊顶下的吸顶灯显然具备了产生眩光的条件，尽管灯具外壳具有降低眩光的作用，但站台空间高度有限，人的视线极易触及这些圆形发光体，造成视觉不适。还有，上海地铁 2 号线静安寺站的站厅层，该站厅顶面造型非常简单，采用了铝

图 3-18　虹桥火车站站台照明

资料来源:笔者自拍

图 3-19　东安路站站厅照明

资料来源:笔者自拍

图 3-20　奥林匹克公园站站台层照明

资料来源:笔者自拍

管平吊的做法。但不知何种原因,荧光灯光源在没有任何灯具遮挡的情况下,不是隐藏在铝管之间,反而紧贴吊顶材料下部安装,所有灯管直接裸露于人的视线范围内,形成了严重的直接眩光。此外,通过现场测量发现,该站厅的平均照度竟然高达 520 Lx。其实,对于静安寺站的直接眩光,相关人员稍加留意就能避免,车站照明出现如此的低级错误,实属不该。

5) 光源使用

照明光源分自然光源与人工光源。对于车站光源的使用情况,本研究未做专门的量化调查,但基于调研经历,基本能定性判断我国车站在光源使用方面的现状。首先是自然光源的使用。在笔者调研的所有地下站中,仅上海地铁 2 号线的人民广场站站厅层引入了自然光,其他车站全部依靠人工照明。显然,我国的地铁车站设计在引入自然光照明方面的探索与实践较少。其次是人工光源的使用。人工光源是地下车站照明的主要光源,用量最大的人工光源是荧光灯,其次是 LED,小部分车站使用了金卤灯。

3.3 本章小结

本章基于对地铁车站界面材料与照明现状的调研，采用比较分析的研究方法，获得如下研究成果。

界面设计

(1) 各界面材料使用情况。顶面使用最多的是铝制材料，特别是铝板，使用量较大；墙面材料选择范围较大，但从使用情况看，以价格较高的金属板为主（包括搪瓷钢板和铝单板），在价格上有一定优势的墙砖、马赛克等使用量较少；柱面基本同墙面，金属板的使用比例略高于墙面；地面材料选择余地较小，近些年建设的地铁站，绝大多数使用花岗岩，少数使用地砖。

(2) 界面设计存在的问题。从材料分布现状可以发现，车站界面设计现存两大问题：一是界面设计选材过于追求高档次，特别是墙面，盲目选用高档材料的问题比较突出，选材的经济性、实用性不足；二是界面设计的材料堆砌感强，由于我国地铁站的设计与施工一般采用先结构后装修的模式，导致界面设计与土建设计泾渭分明，特别是顶面几乎成了遮蔽管线设备的美化设计，材料堆砌感明显。另外，个别车站还存在过度设计的问题，界面设计过于复杂，标准化程度低，不利于材料的加工、安装和更换。

照明设计

(1) 照明现状。在照度分布上，无论站厅、站台，还是通道，不同车站的照度值差别比较大，照度值符合《城市轨道交通照明》(GB/T 16275—2008)标准的不足一半，多数车站高于或低于标准，个别车站存在照度过高或过低的情况。在照明方式上，车站站厅层基本采用均质照明方式，少数采用明显的分区一般照明。站台层则相反，多数采用分区一般照明，但约有半数的分区照明在分区照度值上差别过大。在光源使用上，我国的地下车站引入自然光照明的非常少，多数以人工照明为主；人工光源里，荧光灯使用量最大，LED次之，金卤灯少量使用；在其他方面，个别车站照明设计与灯箱照明冲突，少数车站依然存在照明方式不当和直接眩光的问题。

(2) 照明设计存在的问题。基于照明现状，从节约型设计角度而言，可以发现地铁车站照明设计存在如下四个问题：一是照度设计混乱，分区一般照明的照度差过大，多数车站未按相关照明标准进行规范的照度设计；二是无论一般照明还是分区一般照明，都存在照明过于均质化的现象，均质化的照度并不完全符合轨道交通建筑的实际需求；三是缺乏对自然光的有效利用，对新型人工光源 LED 的使用量也偏少；四是个别车站照明设计细节不完善。

调研的目的是发现问题，探寻原因，并得出相应结论。显然，本章的结论既是研究展开的起点，也是后续研究的基础。

第四章

地铁车站空间的节约型设计原则与策略

通过调研与分析，我们发现了我国车站空间界面设计与照明设计存在的主要问题，并了解了问题形成的原因。本章将基于发现的问题，以节约型设计理论为指导，结合前人相关研究成果与团队的设计实践经验，探讨地铁车站空间的节约型设计基本原则，进而提炼出地铁车站空间界面的节约型设计策略与照明的节约型设计策略。

4.1 车站空间的节约型设计原则

4.1.1 一线一景

1) “一站一景”与“一线一景”

我国已建地铁线路与车站，主要有两种不同的规划设计理念。一种理念是“一站一景”(也叫“一线多景”)，强调同一条线路的每一个车站都应有自己的个性特征；另一种理念是“一线一景”，强调整条线路的各个车站应有明显的共性特征。

一站一景的代表案例主要有广州地铁1号线、北京地铁奥运支线、北京地铁机场线等。由于一站一景的理念强调个性，每个站点都有新颖的设计创新，其设计手法、风格、造型、材料、照明等都存在较大差异。所以，每个车站都会有令人惊喜的精彩设计出现，单个车站的可识别性非常强。但是，过于强调个性，也会带来各种问题，如线路的整体感被削弱，难以形成统一的线路特色，线路的可辨识性降低。更为重要的是，个性化设计还会带来车站设计、施工、维护、运营和管理上的困难，导致车站建设和运营的工作量加大，各种成本提高，产生资源和能源的浪费。特别是后期维护，一站一景带来的困难更多。如广州地铁1号线，这是我国较早建设运营的一站一景的地铁线，在近期的改造过程中，要用“统一化”的设计语言取代一站一景，原因是原有装修材料的采购和替换非常困难。正如广州地铁前任总经理卢光霖所言①：“1号线的改造是势在必行的，由于‘一站一景’的个性化、非标准化，在需要更换产品的时候，发现很难找到替代品，连一盏灯都换不掉。”笔者调研北京地铁奥运支线森林公园站的时候也发现，由于设计特色过于鲜明，导致顶部人工照明遮光板的规格非常多。当时，那些遮光板已经被严重污染，视觉上很不美观，可为什么不进行更换呢，想必也有上述原因。那么，我们就需要反思，在我国政府大力倡导走节约型社会的今天，采用“一站一景”的设计原则是否符合时代潮流呢？

“一线一景”主要指全线的车站设计要有统一的主题和表现形式，在此基础之上，每个站点可依据自身的特点和环境特征做出个性化的改变，但不能突破主题的统一性，也应避免设计形式和内容过于繁杂。在我国，“一线一景”的设计原则在业界被明确提出来的时间并不长，但按“一线一景”基本原则实施的项目却比较早。如北京地铁2号线，全线很鲜明的特征是彩色水磨石地面和具有几何造型感的荧光灯相组合，这些特征在后来的改造过程中也得到了很好的保留。人们不禁疑惑，在没有“一线一景”设计原则的指导下，为什么会出现“一线一景”的北京地铁2号线呢？原因是2号线是在国力相对比较薄弱的情况下建设完成的，之所以会出现全线统一的情形，一方面是受经济条件所困，统一的设计便于降低工程造价；另一方面是早期的地铁建设最强调的是功能性，对其他方面要求不高。可以说，我国早期出现的“一线一景”地铁站设计是当时时代背景下自然选择的结果，并没有明确的“一线一景”的意识，也没有上升到设计原则的理论高度。“一线一景”作为设计原则被较早提出应该是在广州地铁2号线的设计过程中②。广州地铁2号线采用“标准化、模块化”的设计方法，全线16个站点装修风格统一，主要通过色彩和细节体现每个车站的个性。事实上，广州地铁2号线设计虽然明确提出了“一线一景”的设计原则，但在实践上和早期的北京地铁2号线并没有实质性的区别，功能性是这两条地铁线共同的设计基础。而当前提倡的“一线一景”设计原则不仅强调功能性，更强调文化性，主张地铁站设计要反映城市文化特征③，全线装饰设计

---

① http://news.gd.sina.com.cn/news/2011/05/06/1134393.html

② 毛翠萍.广州地铁2号线车站装修的共性与个性[J].都市快轨交通，2005，18(2)：47-51.

③ 张磊.“一线一景”的设计思考——北京地铁8号线车站室内设计[J].现代城市轨道交通，2011(S1)：44-45.

主题的提炼要基于对沿线文化特征的梳理，所呈现的表现手法和形式应与沿线文化相呼应。可以说，对于文化的融入和强调，是当前对“一线一景”设计原则最新的诠释。显而易见，相对于“一站一景”，按“一线一景”原则设计的地铁站，虽然单个站点的可辨识度降低了，但整个线路的可辨识度增强了。由于全线有统一的设计主题、设计风格与形式，工程设计、施工与维护的难度大大降低了，资源与能源的利用效率得到了提高。

2）采用“一线一景”设计原则的必要性

“一线一景”的设计原则被明确提出，并非完全出于节约资源与能源的目的，除此之外，还有其他两个方面的必要性：(1) 可辨识性。与地上空间不同，地铁站大多处于地下，室内环境与外界基本隔绝，人在地下空间，很难把握自身与环境的关系，可辨识的难度较大。在地铁车站，为了便于人们清晰辨别自己的位置，其设计的可辨识性非常重要。对于规划地铁线路较少的城市，无论采用“一线一景”还是“一站一景”，对乘客辨识线路能力的影响并不大。但是，大城市中往往地铁线较多，一般呈网状形式分布(在我国，规划建设二十几条地铁线的城市已不在少数，北京、上海等城市正在运行的地铁线已接近 20 条)，如此多的线路交织在一起，如果不采用“一线一景”的设计理念，人们在换乘时，会因线路不易辨识而出现换乘混乱的局面。(2) 文化性。我国早期建设的地铁站，基本以功能性为主，空间的体验感较弱。另外，由于新型建材在我国地铁站大量普及应用，不仅在同一个城市出现了多条线路设计风格非常接近的现象，甚至全国的地铁车站设计也出现了较多的类似性。尽管每条线会有自己的标志色，但乘客依然较难辨识，特别是视觉残障人士和老年人。如果将文化性融入地铁车站设计，不但可以消除现代建筑的冷漠感，而且由于每条线路有自己的文化特色，线路的整体可辨识性也能极大增强。

3）“一线一景”设计主题的提取方法

“一线一景”设计原则最核心的环节是设计主题的确定，主题确定后，具体设计才能展开。设计实践表明，提取线路主题可采取以下几种方法。

(1) 从车站本体提取设计主题。

这种方法主要依据交通建筑自身的一些特征确定设计主题，不受城市人文环境的制约，即便要体现站点所处位置的城市区域文化，也只需简单表达即可。典型案例：广州地铁 2 号线一期。广州地铁 2 号线一期工程于 2003 年 6 月正式开通，2 号线全长 18 千米，设 16 个站点，全部为地下站。其设计主题主要反映地铁自身的特性，体现轨道交通建筑快速、高效的特点，因此，整个线路各站点设计贯穿标准化、模块化的设计手法，整体格调简洁明快，造型块面整洁，线条流畅，无任何多余的装饰，体现了交通建筑功能美学的视觉效果。对于所处城市人文环境，仅通过车站空间墙面颜色的变化做简单的表达。

（2）从线路格局或区位特征中提取设计主题。

大型城市地铁的规划线路较多，线与线之间呈网络状态分布在整个城市。相对于整体的线路格局，某些线路或许具有一定的特殊意义，这一特殊性也可以成为该线路的主题。同理，线路贯穿于城市之中，在城市格局中或许也有一定的特殊性，同样可以作为提炼主题的基础。典型案例：北京地铁 8 号线。北京地铁网络的基本格局是“三环、四横、五纵、七放射”，这一网络格局中，8 号线有非常特殊的意义，它是整个地铁网络的中轴线。而且，8 号线经过的位置也几乎和北京老城的中轴线相吻合。因此，北京地铁 8 号线的主题确定为“中轴线”，这一主题特征主要反映在车站顶部，无论站厅和站台，吊顶均被中轴区域一分为二（图 4-1）。此外，由于 8 号线经过的城市区域，历史文化积淀深厚，因此，8 号线的设计在坚持“中轴线”这一设计主题基础上，还以丰富的人文环境为切入点，进行多样化的设计研究，提取特色元素和符号，寻找不同于其他线路特征的设计形式①。同时，这些多样化的设计元素也会以个性化的形式在 8 号线的各个站点反映出来，其变化主要体现在顶部的中轴区域。

图 4-1 北京地铁 8 号线苹桥站、霍营站站台顶部造型

资料来源：张磊《“一线一景”的设计思考——北京地铁 8 号线车站室内设计》

① 张磊.“一线一景”的设计思考——北京地铁 8 号线车站室内设计[J]. 现代城市轨道交通，2011(S1)：44-45.

(3) 从沿线区域文化提取设计主题

梳理沿线区域文化,以此为基础提取设计主题是“一线一景”最常用的一种设计手法,特别是那些有着浓厚历史文化底蕴的城市(北京、西安、南京、苏州等),往往会采用这种方式确定主题。将文化融入地铁设计,也是对“一线一景”设计理念更深层次的定义和诠释。典型案例:苏州地铁 2 号线。苏州地铁 2 号线全线有 35 个站点,主线由北至南经过了相城区、平江区、金阊区、沧浪区和吴中区,与古城区擦肩而过,支线从西向东贯穿了工业园区。通过对线路经过区域人文地理环境的调研分析,2 号线在设计时曾考虑过 3 个主题,分别是“园林印象”、“水乡彩韵”和“秀江南”。其中“水乡彩韵”主题设计方案,全线主要采用苏绣的表现手法展现苏州柔美、细腻而又丰富多彩的地域文化特征,将园林古镇、小桥流水等苏州特有的元素融入 2 号线的设计中①。由于一条地铁线往往会穿越一个城市的多个城区,在同一主题的基础上,还可以依据所穿越城区的区域文化特征进一步提炼线路的区域特色,让每个区域的站点设计体现出个性化的特质。对于一些地面上有标志性建筑的重要站点(如车站、图书馆、博物馆、商业区等),还可以进一步从标志性建筑中提取相关设计元素,丰富设计主题,展现站点个性,这种方法也非常适合换乘站的设计。

4.1.2 标准分级

1) 分级的目的

室内设计项目常常会遇到功能重复的系列空间,如博物馆的展厅系列、办公楼的办公室系列、餐厅的包间系列等。对于具有重复特点的系列用房,设计标准是否应该一样呢?显然不是。即便这些房间功能一样,但它们容纳的内容或使用者未必完全一样。以展厅为例,往往首层展厅处于比较重要的地位,设计标准会高于其他层展厅。同理,办公空间由于使用者的需求不同,其设计要求也有差别。因此,对系列用房进行分级是十分必要的,至于分几个等级,应按现实情况确定。通过分级,类似房间的设计标准会拉开,这样不仅能使各等级用房的设计标准更符合实际需求,更重要的是,也有利于节约资源与能源,降低工程造价。地铁车站设计同样面临类似的问题。众所周知,一条地

---

① 郭晓阳,王占生.地铁车站空间环境设计[M].北京:中国水利水电出版社,2014:67.

铁线往往会有十几个或数十个站点，面对如此多的类似站点，如果都以较高的标准进行装饰设计，必然会导致装饰造价偏高；而如果均以较低的标准设计，也会导致一些比较重要的站点缺少自身的特色和亮点。因此，对地铁站进行适当的设计标准分级，按车站级别确定设计标准，不仅可以在整体上降低装饰工程造价，节约资源能源，同时，也能让有限的资金与资源在少数高标准地铁站中发挥更大的作用。

2）分级的方法

近些年，伴随着城市轨道交通工程在我国大中城市的大量规划与建设，学者们日益重视对地铁系统的研究，提出了一些与车站分级相关的理论。这些理论是专家、学者依据不同的研究目的和需求构建的，与本书的直接关联性不是很大，但这些理论中的分类方法依然值得借鉴。总体而言，前人主要的分类方法有以下几种①：(1) 按地铁车站所处地理位置分类。按地铁站在城市的不同位置可分为都市中心站、都市副中心站、商业中心站、CBD 站、娱乐中心站、交通枢纽站和普通站 7 类。(2) 按功能导向分类。根据车站的功能可分为起点站、普通换乘站、换乘枢纽站、普通中间站、区域站和终点站 6 类。(3) 按运营性质分类。依据车站运营性质的不同，车站可分为中间站、换乘站、区域折返站、终点站和慢轨站 5 类。除此之外，还有车站埋深分类、车站与地面关系分类等方法。

显然，上述分类方法并不适合直接用于本书。因为，本研究只需要按车站的重要性分类即可，以便室内设计按车站重要程度明确定位。问题是，依据什么标准确定车站的重要性呢？笔者认为，第一种和第二种理论可以作为参考，即车站地理位置和车站的功能导向可以作为车站重要性分类的影响因素，另外，人流量大小也是一个不可忽视的因素。基于设计实践经验，工程项目中同系列用房一般按重要程度分为三个等级即可满足设计要求，参照此标准，地铁站按重要性可分为三类：重点站、一般重点站和普通标准站，如果存在特殊车站，可另设一类特色站。对于如何确定车站的重要性，可以上述第二种分类方法为基础，将其 6 类归纳为 3 类，即换乘枢纽站、普通换乘站、普通中间站，而起点站、终点站和区域站依据是否存在换乘分别归入换乘类和普通类。以此为基础，再与其他影响因素结合，就可以比较客观地区分不同车站的重要性。具体分类方法和

① 金磊，彭建，柳昆，等. 城市地铁车站分类理论及方法研究[J]. 地下空间与工程学报，2010，6(10)：1339-1342.

标准是:重点站条件为“换乘站或换乘枢纽站＋城市重要区位＋高密度人流”(对于新城区,人流密度可采用预测值);一般重点站条件为“换乘站＋城区重要区位＋中密度人流”或者“普通站＋城区重要区位＋中密度人流”;普通标准站是去除重点站和一般重点站后剩余的车站(有一定特点的普通站也可作为特色站设计)。此处,以南京地铁 1 号线为例,尝试应用这种分级方法。从图 4-2 可以看出,南京地铁规划有 17 条地铁线,其中 1 号线共有 31 个站点,居于整个地铁系统网格的中央,位置相当重要。按上文分级标准,从 1 号线经过的区域以及与其他线路换乘的情况看,1 号线车站中南京站站、新街口站和南京南站站 3 个车站为重点站。从区位看,新街口站是 1 号线和 2 号线的换乘站,也是南京市的商业中心,人流密度较大;南京南站和南京站不仅分别是 3 条地铁线的换乘站,也是城市地铁与城际铁路换乘的枢纽站,人流比较密集。显然,这 3 个站在换乘、区位和人流 3 个方面都符合重点站的标准。晓庄站、玄武门站、鼓楼站、珠江路站、三山街站、中华门站、安德门站、胜太路站和竹山路站 10 个站应为一般重点站。这 10 个车站中,除玄武门站外,其余都是换乘站,且多数处于老城区,人流密度虽不及重点站,但要高于普通站;另外,玄武门站虽然不是换乘站,但其紧邻南京市的商业副中心湖南路和著名风景区玄武门的西门,人流密度不低于其他换乘站。因此,上述 10 个车站非常符合一般重点站的标准。排除重点站和一般重点站,其余 18 个站点为普通标准站。

3)“一线一景”与“标准分级”

“一线一景”的设计原则要求一条线路的所有站点都要有统一的设计主题和表达形式,强调线路的共性特征和可识别性,但为了防止整条线路的车站设计过于单调,允许“个别站点”根据自身特点和所处区位的历史人文环境进行个性化设计,但总体设计思路要与最初的设计主题相吻合。这里提到的“个别站点”是指哪些站点呢?结合标准分级,很快可以明确。个性化站点应该从重点站和一般重点站中选取,特别是重点站,应该在符合共性特征的情况下有鲜明的个性化表达;对于一般重点站,可以结合车站的具体情况适度的个性化。还以南京地铁 1 号线为例,按上述分类结果,它的一般重点站中,鼓楼站、玄武门站和中华门站,历史人文特色非常鲜明,可以从人文角度对共性设计做出适度的个性化调整。对于普通标准站,用共性语言进行设计就可以了,即这些站点可以完全采取一样的设计方案,即使个别普通标准站有特殊之处,只需对共性设计语言进行微调即可。由此可见,“一线一景”设计原则只有结合“标准分级”,才能将其理念贯彻落实到具体的车站设计中。

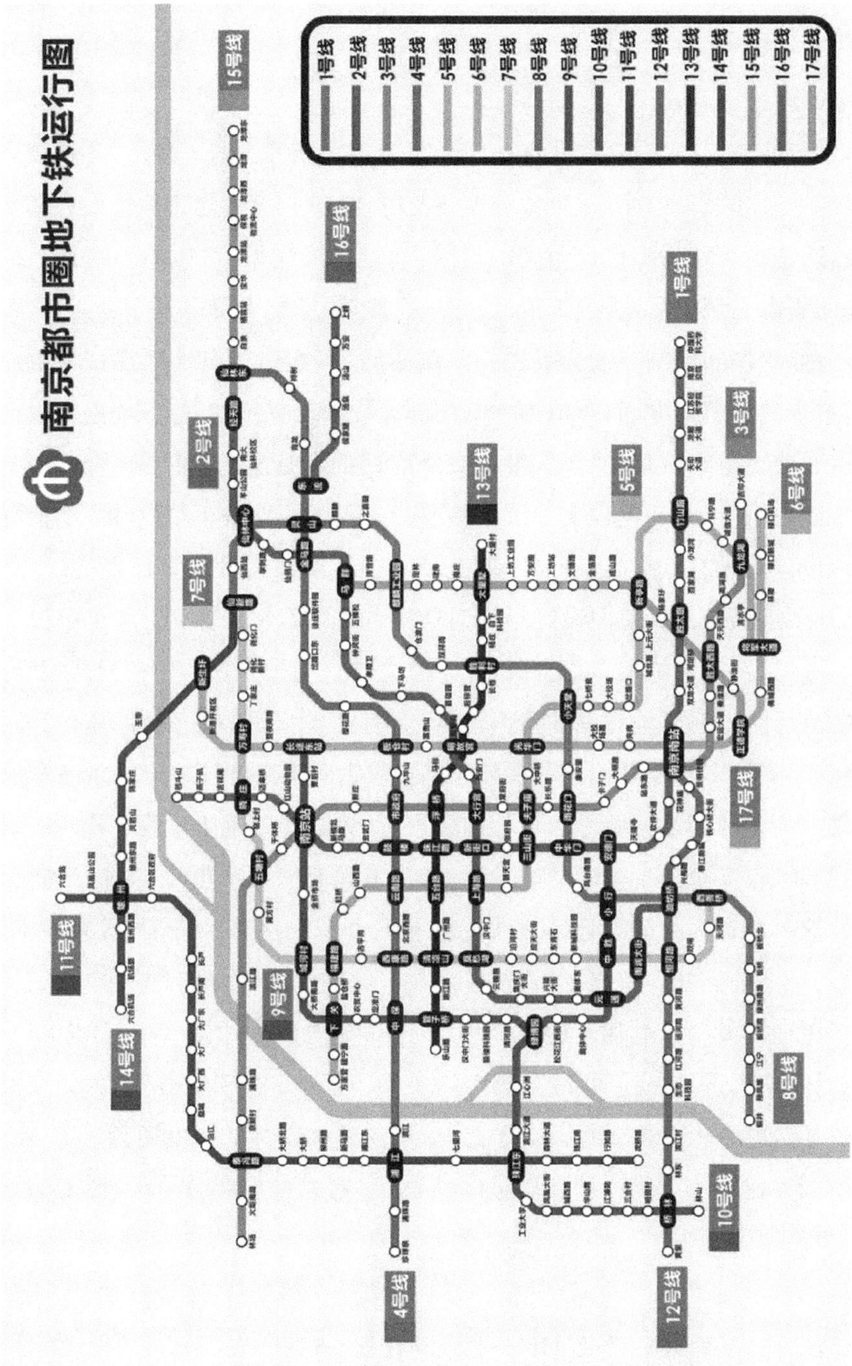

图 4-2　南京地铁规划图

资料来源:笔者自拍

4.1.3 整体性

1）问题与对策

现代社会中行业分工越来越精细，甚至同一行业也会划分为若干领域，各领域之间有着明显的界限。就建筑设计而言，可被分为建筑群体规划设计、建筑单体设计和室内设计3个领域，这些领域之间不仅有明确的界限，而且自成体系，可以单独运行。以建筑与室内设计的关系为例，通常是建筑设计、施工完成后，室内设计才开始介入。然而，这种明显存在专业壁垒的精细分工会引发一些负面问题，如建筑设计师往往将重点放在外部形体塑造和空间组织方面，对室内空间细部设计缺乏仔细的思考；而室内设计师介入项目后，由于缺乏与建筑师的沟通，很难贯穿前期的设计思想，甚至会否定建筑师前期的工作，重新组织空间，一定程度导致资源浪费。我国的地铁车站设计就明显存在这个问题，室内设计介入站点空间设计时，地铁站的建筑主体工程通常已经完工，其他专业公司也已开始进场施工。室内设计师面对这种局面，要将很多精力用于解决建筑设计或其他专业设计留下的缺陷，可发挥设计想象力的空间极少，是在一种被动状态下完成最后的装饰设计。另外，地铁站的室内设计与消防、电气、空调、信号、通信、监控、广告、导向、屏蔽门等许多专业公司都存在接口，这些专业都有自身的设计规范和施工技术要求，如果室内设计不与这些专业设计同步进行，势必导致施工过程中出现各种因专业交叉引发的矛盾，甚至出现重新调整设计方案、工程返工等问题，影响施工进度，浪费资源。因而，这种各自为战的设计模式通常会导致资源无法合理分配、重复施工、延误工期等非常不经济的问题。事实上，建筑各专业组合在一起，本身就是一个有机的生命体，有学者形象地用灵魂比喻建筑设计、用骨架比喻结构设计、用脉络比喻机电设计、用皮肤和服饰比喻室内设计①，它们是灵与肉的关系，任何部位产生病变，都会在其他器官显示出来，导致整个生命体受损。基于此，只有从整体设计的高度通盘考虑各专业之间的关系，不同专业同步协调设计，以“整体性设计”的思维贯穿整个设计施工过程，才能有效防止上述问题发生。

---

① 陈永昌，苏宏志．建筑与室内的一体化设计——室内设计与建筑设计的关系及室内设计过程[J]．室内设计，2005(1)：2-9．

2）整体设计的内涵

整体性设计是从整体到局部，再从局部到整体，往复循环应对复杂客体的设计思维过程。许多建筑大师的设计思想都体现了对整体性设计的重视，如赖特的有机设计理论、黑川纪章的共生论等。我国两院院士吴良镛教授也非常倡导整体性思维的综合研究方法，吴老认为，这是应对复杂性科学的根本策略和方法，一些复杂问题可以被分解成许多子目标而解决，当然，整个过程要在整体的控制下进行[①]。他的广义建筑学理论，其目的也是为了打破建筑、景观、规划的分立状态，以开放、融合的"整体性思维方式"设计人居环境。整体性设计不仅是一种思想和观念，更是一种设计方法，它强调各专业全方位的参与，也包括公众参与，设计过程要同步协调，反对静态和封闭，主张动态和开放。这种设计方法不同于传统的设计模式，以一种扁平的网格式设计流程代替了以往的线性设计流程，整个设计程序具有交叉、循环和综合的特征，各专业、各要素反复相关、互为因果，每个专业都要兼顾其他专业，为了整体或者局部做出自身的相应调整[②]。地铁车站不同于普通的公共建筑，专业众多、施工难度大，是典型的复杂性设计工程。面对这类项目，线性的传统设计流程已显现了各种弊端，应尽快引入整体性的设计思维和方法。

3）基于整体性的站点空间设计

以整体的思维模式和方法设计地铁站室内环境，需要处理好与车站主体及其他专业两大方面的关系。换言之，车站主体和各专业工程的设计，都要在了解室内环境设计的状态下进行，各个设计阶段需要从整体性高度与室内设计同步、互动、协调。下文分别介绍车站主体设计和车站各专业设计如何与车站室内设计整体化运作。

车站主体设计与室内设计的整体化运作。地铁站设计与一般建筑设计有很大不同，对于地下站而言，建筑师或结构师最主要的任务是规划车站的内部空间形态和设计主体结构，几乎没有外部形态和表皮设计的环节（地上附属建筑会少量涉及这方面）。显然，建筑师的主要任务就是内部空间设计，这也是室内设计师深化室内环境设计的基础。但是，从乘坐地铁获得的信息可知，我国大多数地铁站的站厅、站台空间基本都是

① 吴良镛. 广义建筑学[M]. 北京：清华大学出版社，1989.

② 杜宏武，王国光. 岭南建筑学派的整体观与整体设计方法初探[J]. 南方建筑，2014(1)：94-98.

一个长立方体，室内再设计的空间基础较差，所谓的室内设计几乎演变成了内部环境的包装设计。当然，这种现状也是传统线性设计流程导致的必然结果，要改变这种现状，建筑与室内必须要做到整体化设计。针对我国的具体情况，要做到整体设计应满足一定的前提条件：一是建筑设计公司有自己的室内设计部且车站室内设计不再进行二次招标；二是业主方要求建筑设计公司与室内设计公司组成联合体投标。满足以上两个条件之一，地铁站建筑与室内的整体设计可以尝试以下几种运作方法：(1) 建筑与室内完全同步。这种运作模式非常适合设有室内设计部的建筑设计公司，由于同属一家企业且有长期的合作经历，他们能够成为一个配合非常密切的设计团队。从车站投标开始，这个团队就可以一起运作，在主持设计师的带领下，无论是设计理念的确定还是具体的空间形态设计，建筑与室内设计可以做到完全同步的一体化运作。(2) 以建筑设计为主体。这种模式的概念设计阶段，包括车站设计大致的想法、空间构想草案等，可由建筑师先行完成。在此基础上，室内设计师开始介入车站设计，了解建筑师的前期成果，提出自己的设计构想和修改建议，经反复讨论确定车站主体空间及结构的具体方案后，室内设计师可继续深化完成自己的工作内容。(3) 以室内设计为主体。这里不是指由室内设计师主持车站的整体设计，而是指在车站内部空间构想方面以室内设计师为主。根据车站所处区位环境，室内设计师可以先行构思车站内部空间的大致形态，然后，提交给建筑设计方作为参考，建筑师再从自身的专业角度对方案提出修改建议，经讨论后确定建筑主体空间与结构的设计方案。

各专业设计与室内设计的整体化运作。前文多次提到，地铁站的设计与建造涉及的专业较多，这些专业都与建筑主体和室内面层紧密相关。由于各专业都有自己的设计规范和施工标准，有时这些专业之间也会产生各种矛盾，处理不好会直接影响建筑与室内环境的品质。因此，如何从整体的高度正确处理室内设计与各专业之间的关系非常重要。从我国现实情况看，具有一定规模的建筑设计公司各专业部门一般都会比较健全(包括消防、强弱电、通风、信号、智能化等专业，但未必有室内设计专业)，这就为室内与各专业的整体化设计提供了较好的条件。因此，在建筑与室内设计一体化的同时，各专业公司也应及时介入。特别是在确定车站内部空间形态的阶段，建筑与室内设计人员还要咨询各专业部门的意见，针对存在的矛盾讨论可行的解决方案。不同于传统的设计模式，这种模式下各专业设计会受到室内空间界面的制约，可能会出现一些比较尖锐的矛盾。对于这些问题，可以通过自我调整，或通过优化、调整建筑与室内设计方案的途径解决，最终的空间形态会远远好于仅通过调整室内设计方案得到的效果。这样，通过全方位整体设计，所有专业的问题都可以在图纸设计阶段解决，施工阶段就会顺利很多，各种浪费人力、物力和财力的现象也会大量减少。还有一个问题，由于车站建筑主体设计会受到地质结构、城市建筑地基、城市管网等要素的限制，自身可调整的余地较小。这种情况下，各专业协调的矛盾点会集中到室内设计方面，对此，室内空间设计不能只是被动地满足各专业的要求，而应在了解各专业设计规范和基本要求的情况下，发挥室内设计专业的主导作用，依据最初的设计理念从专业角度积极主动地调整内部空间形态，化解专业矛盾。

4.1.4　适宜性

1）过度设计

在调研部分已经将过度设计作为一个问题提出，此处再做深入探讨。过度设计是设计的结果超出了它的外在约束条件，出现了多余性、非适度的设计语言，造成了资源、能源浪费，这种现象在我国许多设计领域都存在，如建筑设计、工业设计、家具设计等。过度设计不是单纯的设计问题，它还涉及伦理和责任。为何会出现过度设计？主要是人的贪欲造成的，无论企业还是个人都有对利益追逐的本性，设计过度，才能生产消费过度，企业或个人才能获得更多的利益，但带来的结果却是对资源和环境的践踏，对人类未来的毁灭。中华人民共和国成立初期，我国经济极度困难，那时的设计，主要目的是满足功能。回顾北京地铁 1 号线和 2 号线，它们的材料使用、灯光设计、装饰造型等，现在看来可能感觉有些简陋，但它是适宜于时代要求的，即使现在，经过适当改造后，还是在正常运营；反观近些年建设的地铁站，鉴于国内经济 30 余年的高速发展，国人已不满足于朴素、简单的设计，追求豪华的过度设计风格大行其道。一夜之间，国内地铁脱掉了简陋的外衣，披上了豪华的盛装，甚至有些地铁建设者自豪地说："中国的地铁装饰在世界上是最领先的。"笔者不禁要反问，我们领先在哪里，我们的设计理念领先吗？我们的施工技术领先吗？我们的人均资源占有量领先吗？我们的人均 GDP 领先吗？如果我们不能给这些问题以肯定的回答，我们何来领先的底气，只是因为我们以过度吸引眼球为目的的豪华设计吗？另一个问题是对新奇造型的过度追求。2008 年奥运会之前，北京有些地铁站的室内空间，在界面造型设计上可谓标新立异、天马行空，对艺术审美的追求达到了极致，倾注了设计师和艺术工作者的大量心血。作为设计艺术作品，这种做法具有很强的设计创新性，但是作为实实在在的工程，它与奇奇怪怪的建筑没有本质的区别。何镜堂院士认为，一个城市有一两个扎哈·哈迪德的设计作品无可厚非，它会让城市更有活力。但如果认为扎哈的设计是主流趋势就大错特错了，这种过度的设计只能极少量存在，才有其自身的价值，否则会扰乱整个城市的视觉秩序。同理，一个城市的地铁站中，少量比较重要的站点采用个性化、奇异的设计方案未尝不可，但绝对不能将其视为主流设计进行模仿。综上所述，过度设计问题应当引起设计师的警觉和重视，必须静下心来，深思熟虑我们的设计目标，回归设计的起点，把设计目标限定在一个以"适宜性"为准则之一的多维度框架内。

2）适宜性设计

适宜性设计也可以理解为合适的设计，设计过程中要做好对"度"的把握，设计的适宜性既是一种设计理论，也是一种设计目的，要求设计的内在本体与外在各种条件相匹配。适宜的思想源远流长。《考工记》以"天有时，地有气、材有美、工有巧，合此四者，然后，可以为良。材美工巧，然而不良、则不时，不得地气也"的思想指导古代造物的实践，强调"天、地、材、工"的合适与和谐，四者应相互制约，否则，则不时不得地气也；另外，《考工记》还强调，器物应经久耐用，不能过度消耗①。汉代贾谊在《论积贮疏》中写道："生之有时而用之亡度，则物力必屈。"意思是物的生长和生产需要时间，如果无度地使用，人、财、物都会耗尽。庄子曰："朴素而天下莫能与之争美。夫残朴以为器，工匠之罪也，毁道德以仁义，圣人之过也。"这体现了古人对物的珍惜态度，古人留存对自然和造物的敬畏之心，应做到在尽量不破坏物的情况下实现美的价值②。由此可见，我国古代的造物思想中就孕育着"适宜"的设计方法和逻辑。然而，适宜是一种度，对度的把握因人而异，如果从主观角度控制适宜度，结果可能无法控制。因此，对于"适宜"应有一定的评价标准或者是约束条件。清华大学美术学院的柳冠中教授认为，适宜的设计应该

① 曾祥远. 过渡中的过度设计——再谈设计的适度原则[J]. 艺术与设计（理论），2010(8)：7-9.

② 秦颖. 地铁站空间设计中地域性文化元素适度性运用研究——以成都地铁 3 号线红牌楼站空间设计为例[D]. 成都：西南交通大学，2013：5.

是“外部因素”与“内部因素”契合的设计，通过调查和分析，寻找外部因素的制约条件，以此为基础，明确可能的设计目标，然后组织内部因素与之相适应，最终的设计结果自然是适度的。那么，对于室内设计，可能存在哪些约束条件呢？有的学者认为主要影响因素是“环境、功能和文化”①，环境是对地域性的适应，功能是对实用性的适应，文化是对意境的适应。李宁分析了维特鲁威的“坚固、实用、美观”三原则后认为，坚固应是附属于实用性之下的第二层次的原则，而美观可以分解为“形式”和“意义”两个方面。适宜性的设计应该符合“实用、形式、意义”三原则，实用包括功能和经济性，形式是原创性，意义是场所精神②。可见，“适宜性”的设计应该是“实用性的、有形式美感的、反映时代地域性的”设计。

3）地铁车站空间的适宜性设计

上文分析了多个学者的观点，表明适宜性的设计是外在因素约束下内在因素的匹配，室内环境的外在约束条件主要是“实用、形式和意义”。对于地铁站空间，三者孰重孰轻呢？笔者认为，车站空间基本可以等同于通道，无论站厅和站台，乘客除了购票和短时间候车外，从进站、乘车到出站整个过程很少会停留。因而，对于这种以通行为目的的地下交通空间，“实用性”应该是衡量地铁站适宜性最重要的指标，其他两个原则是辅助性指标。

“实用性”可以分为功能和经济两个方面。从功能性角度看，满足功能性应该是地铁设计最核心的内容，换言之，一切设计应主要为乘客的进出站、乘车过程服务。因而，为了更好地服务于乘客的通行，对乘客走向的引导与暗示需在设计中体现出来；另外，地铁空间设计应该有背景意识，即地铁设计无论再出彩，也不能对导向信息系统产生影响，也没必要通过精彩的造型或装饰让人驻足观看。从经济性角度看，首先地铁工程设计要经久耐用，同等耐用条件下，应优先选择造价低的方案；另外，地铁站有重点站、一般重点站、普通标准站之分，不同等级车站设计方案的工程造价也应反映这种差别。“形式”是表达美的主要方式之一，对于地铁空间，无论空间造型还是装饰肌理，都应反映地铁站交通建筑的属性，即表达“简洁、明快、速度感、流畅性、现代感”等特点，而不能过于复杂，拖泥带水。“意义”是场所精神，要有人文气息，地铁站设计应该对所处城市

① 舒波，肖凌志. 从两个设计实例谈科技孵化楼的适宜性表达[J]. 华中建筑，2012，30(2)：68-70.

② 李宁. 建筑聚落介入基地环境的适宜性[D]. 杭州：浙江大学，2008：4.

区域的文化有所反映，然而，笔者认为，对文化的反映应适可而止，运用的设计语言也应是现代的、简洁的，不能为了追求文化性而影响地铁站的实用性，更不能陷于对文化表象追求的泥潭。对那些有鲜明人文特色的车站，可以将“文化性”作为车站设计的重点，但无须在装饰界面设计上做太多形式化的文章，否则会破坏交通建筑特有的形式美。

4.2 车站空间界面的节约型设计策略

4.2.1 装饰体系的标准化与模块化

1）标准化与模块化

标准化是指在经济、技术、科学和管理等社会实践中，对重复性的事物和概念，通过制定、发布和实施标准达到统一，以获得最佳秩序和社会效益①。标准化是一门系统工程，渗透于经济、管理、技术等各个系统中，是组织现代化生产的重要手段和科学管理的重要组成部分，它还是一项综合性的基础工作，对提高管理水平和经济效益，促进科学技术进步具有重要推动作用②。标准化是为适应大工业生产而出现的一种理论，它极大提高了工业生产效率，推动了人类社会的快速发展。然而，标准化的弊端是过于统一，甚至单调，是对多元化、多样化的约束。在人类物质生活不够丰富的时代，这一弊端似乎并不明显。但随着人类社会经济、文化水平的不断发展和进步，人们对标准化逐渐失去了兴趣，取而代之的是对个性化、多样化的追求，这种消费需求也促使企业不得不把生产结构从大批量、少品种的生产模式向小批量、多品种转型。标准化是难以适应这种结构调整的，需要对其改革或者创新，此时，模块化悄然而至，为标准化注入了新的活力。

模块化是指解决一个复杂问题时，自上而下逐层把系统分成若干模块、多种属性，分别反映其内部特性③。模块化是在标准化的基础上发展起来的，它巧妙利用了标准

---

① http://baike.baidu.com/link? url=lo1E_scK6RYuXMIScjCC4GeAOCnWwRp1jcDHWUPujlHUDn7rf6T6Vo7NAmn3Jq1oYmAfY0wUS0QymPkX5UBXsK

② 张嗣龙. 标准化与模块化设计[J]. 精密制造与自动化，1989(2)：31-33.

③ http://baike.baidu.com/view/182267.htm

化中通用化、系列化和组合化的基本方法成功解决了系统级的问题，使个性化、多样化生产成为可能。通过系列模块，可以灵活、有选择性地组合具有个性特征的新系统，不仅简化了系统的层次，而且满足了消费者多样化的需求。模块由元器件和零部件组合而成，是构成系统的具有某种特定、独立功能和接口结构的典型的标准化单元，是具有下述5个特征的综合体①：(1) 结构典型化。包括产品构成模式的典型化和产品构成单元的典型化。(2) 接口规范化。接口参数规范化，这是模块独立性和通用互换的基础。(3) 单元通用化。部件可以通用于两种以上产品。(4) 模块和产品系列化。适应多样化需求。(5) 产品组合化。通过不同模块的柔性组装，满足用户的个性化要求。

在建筑领域，虽然没有专门、系统的理论论述建筑设计的标准化、模块化问题，但是，与标准化、模块化类似的研究和实践在东西方论著和建筑中均有体现，且历史久远。《建筑十书》曾提出以一个基本的建筑构件为单位模数的概念；现代建筑大师柯布西耶也曾提出以人的基本尺度提炼建筑模数的概念；西方现代建筑的工业化革命也是以建筑部件的模数化为基础的。在我国，宋代《营造法式》对古建筑的各部件都有明确的尺度规格要求，说明古人早就意识到了标准、规范、具有通用特点的模块化构件对建筑设计和施工的重要性。事实上，无论东西方，在现代建筑的设计和建造浪潮中，为应对社会上对各种用房的大量需求，都对建筑的模数、模块有深入的探索和应用，希望通过标准化的设计提高建筑工程的建设效率。我国20世纪下半期建设的大量住宅、厂房、办公楼等就是标准化、模块化应用比较鲜明的例子。但是，标准化、模块化的理念在当代建筑中的应用逐渐式微，特别是随着解构主义的兴起，非线性设计受到了业内外的追捧，使得传统的标准模块难以适应建筑日益复杂的结构和形体，特别是混凝土现浇技术日益成熟，人们似乎认为建筑可以远离标准化与模块化。但是，面对日益枯竭的资源、能源和越来越糟糕的生存环境，设计师应该冷静地思考，当前的设计和施工方式能否持续？人类的任性是要付出沉重代价的。幸运的是，有些学者已经意识到当前问题的严重性，开始探索建筑标准化、模块化新的设计和建造方式。如东南大学建筑学院的张宏教授，近些年一直致力于工业化住宅的研究，希望住宅能像工业产品那样，按照标准化、模块化的方式设计、建造和回收。另外，万科集团经过多年不断地实践和探索，形成了

① 童时中.模块化研究及实践的现状和发展[J].电子机械工程，2011，27(2)：1-8.

一套设计、建造住宅的模块化企业标准。这些探索和实践多集中在住宅领域，公共建筑中较少，主要原因是在当前情况下公共建筑实施标准化、模块化的难度较大。但是，从装饰体系入手应该是可行的，特别是对于交通建筑，装饰体系采用标准化、模块化的设计具有很强的可行性。

2）标准化、模块化设计的优越性

采用标准化、模块化设计，与传统设计相比，其节约效果会在设计、采购、建造、更换、回收整个生命周期过程中显现出来，此处以室内项目为例，简要阐述其在节约方面的优越性。

（1）设计环节。标准化、模块化设计是在已有标准模块材料基础上的设计。换言之，开始设计之前，室内装饰体系方面的材料模块库已经存在（如果没有模块库，可以在设计过程中逐步建成、完善模块库），模块库中各种材料的模块呈系列状态存在。在前期调研的基础上，依据各种约束条件，设计师可从模块库选取合适的模块进行类似搭积木的组合式设计，组合完成后绘制平面图、立面图即可（由于模块之间留有规范接口，因而不必绘制节点大样图）。而传统设计由于不受模块的制约，自由发挥的空间比较大，在设计理念确定、设计方案比较、方案图绘制、节点图绘制方面会花费大量的时间和精力，甚至有些重复性图纸，由于面对的案例不同，也无法直接调用。

（2）采购环节。施工单位负责模块的采购，将设计图纸与现场确认无误后，就可以按图纸统计各种材料模块的数量，然后将统计好的模块代号及数量通过互联网发给材料厂家即可，无须项目经理或材料员往复于施工现场和材料市场之间。特别是单元模块会将一些分散的五金件全部整合在模块中，采购时只需要向厂家说明什么模块就可以，无须考虑更细节的零部件。由于模块库的模块都是标准件，企业、单位可以共享、共用，因此，材料商拿到采购清单后，很快就能组织批量生产和加工，然后通过标准集装箱发往施工现场。显然，传统设计方案无法通过这种集约的方式完成材料采购。

（3）施工环节。采用模块化设计的施工现场，工人主要通过组合模块的方法进行施工，依据图纸将各种模块安装在空间中的相应位置就可完工。这种施工方法的优点是施工质量高（工厂化标准件精细度高）、劳动强度低、环境污染小、施工周期短，施工效率高。相反，采用传统设计的施工现场存在手工作业多、施工工序复杂、施工质量低、工期长、效率低、施工现场污染大等一系列问题。另外，由于须现场切割的材料比较多，材料损耗率较大。

(4) 更换环节。项目投入使用后,装饰面层难免会出现意外受损、材料老化或装饰层内部管线更换等问题。面对这些问题,模块化设计的优势更加明显,只需将出现问题的模块取下更换即可。如果出现管线问题,也无须将装饰面层进行“破肠开肚”的手术式更换。

(5) 回收环节。与土建工程相比,室内装修工程的寿命较短,据统计,一般是8～10年。这么快的更新速度,必然产生大量的装修垃圾。采用传统设计建造的装饰面层,需要通过破坏式的方法拆除,这些材料被二次利用的可能性非常低,也很难返厂再加工,只能通过掩埋或垃圾粉碎再利用的方法处理。而模块化的装饰材料,比较容易拆卸,拆除后的模块可以返回厂家进行二次加工利用,对于没有再次利用价值的材料,厂家也可以通过自身的技术将其转化成新产品。

3) 地铁车站装饰体系的标准化、模块化设计

车站装饰体系的标准化、模块化设计是一个系统工程,不是一个站点或者一条线路实施模块化的问题,而应是全国地铁系统室内设计的标准化或是交通建筑系列的标准化。按上述对车站标准化、模块化设计的定义,我国地铁站的室内设计离真正的标准化还很远。因为现在还没有相关的国家标准甚至企业标准出台,标准的模块库更是无从谈起。因而,此处主要依据我国现实情况,讨论地铁站装饰体系的标准化、模块化设计。

真正的模块化设计程序应该是:设计调研与定位——模块选择——装饰界面的模块组合设计——图纸绘制。按照这个程序,前提条件是地铁装饰体系的模块库已存在且不断更新。然而,事实情况是,由于地铁装饰体系的标准化、模块化设计正处于探索阶段,并没有成熟的模块库存在①。因此,现阶段切实可行的设计程序应该是:设计调研与定位——装饰界面的模块化设计方案——装饰界面的模数设计——标准模块设计(至少全线通用)——图纸绘制。第二个设计程序虽然被动,但符合当前的实际情况,具有可行性,其中,界面的方案设计、模数设计和标准模块的深化设计是关键,即需要按照

① 个别单位正在探索模块库建设的问题,如广州地铁公司,模块化设计已经有了比较成熟的经验。然而,这些模块库也只存在于少量企业,无法实现真正的共享。因此,国家或相关部门应该成立专门的小组,研究、推动模块库的建设。

装饰体系的不同界面（顶面、地面、墙面、柱面）分别确定各自的标准模块（同一界面可能存在多个标准模块）。下文按此设计程序逐一讨论：第一是设计调研与定位。无论是否采用标准化、模块化设计，设计的调研与定位环节不可或缺，通过调研车站现状、沿线自然人文环境及相关案例动态，可以明确设计方案的主题及主要理念。第二是界面具体方案设计。基于确定的设计主题和理念，此阶段主要完成界面的大致设计构想，明确各界面采用的装饰材料，处理好不同界面之间及界面与其他专业之间的关系。第三是界面的模数设计。模数是模块的定量化规定，也是模块能够通用、互换的基础。展开具体的模数设计前，应对全线站点各装饰界面的尺寸进行统计、分析，在此基础上，才能确定每个界面的通用模数。模数的大小应遵循易安装、易拆卸、模块尽量少的原则。另外，还要协调好装饰界面模块与其他专业设备之间的模数关系。如墙面模数与广告灯箱、消防栓、检修门之间的关系，顶面模数与灯具、空调风口之间的关系。以南京地铁机场线墙面设计为例，该设计经过多方案对比，站厅墙面和通道墙面标准板的模数确定为 900 mm×2 450 mm，由于采用的是烤瓷铝板材料，这一模数非常符合易拆卸、易安装、模块尽量少的设计原则①（图 4-3）。从构造角度而言，界面的模块又可分为两大部分，即结构模块和装饰模块。结构模块与建筑主体连接，可以支持装饰模块；装饰模块与结构模块通过接口连接。第四是标准模块的设计。模数设计完成后，模块的大小就可以确定，但模块具有独立和易于安装、拆卸的特点，所以还应对标准模块进行深化设计。如要设计好结构模块和装饰模块之间的接口、过大的模块须加设结构件防止其变形等。当然，这一环节也可以通过材料厂家完成。另外，由于不同车站的界面尺寸并不完全统一，为了保证各站点标准模块的通用性，还应根据每个车站的具体情况设计界面的专用调节模块。为了保障工程的施工精度，专用调节模块的大小应在施工过程中确定。此外，调节界面与设施之间关系的专用模块，在设施尺寸确定的情况下，图纸阶段就可以确定这些专用模块的大小。如南京地铁机场线站厅墙面设计，广告灯箱上部和下部的专用模块就可以在绘制图纸时确定（图 4-3）。最后是图纸绘制。这一环节相对容易，只需把前期设计成果转换成可以指导施工的图纸即可，通过图纸，施工单位可以统计所需模块的规格和数量。

---

① 苏华，马天生. 南京地铁机场线车站整体装饰研究[J]. 都市快速交通，2015，28(3)：84-88.

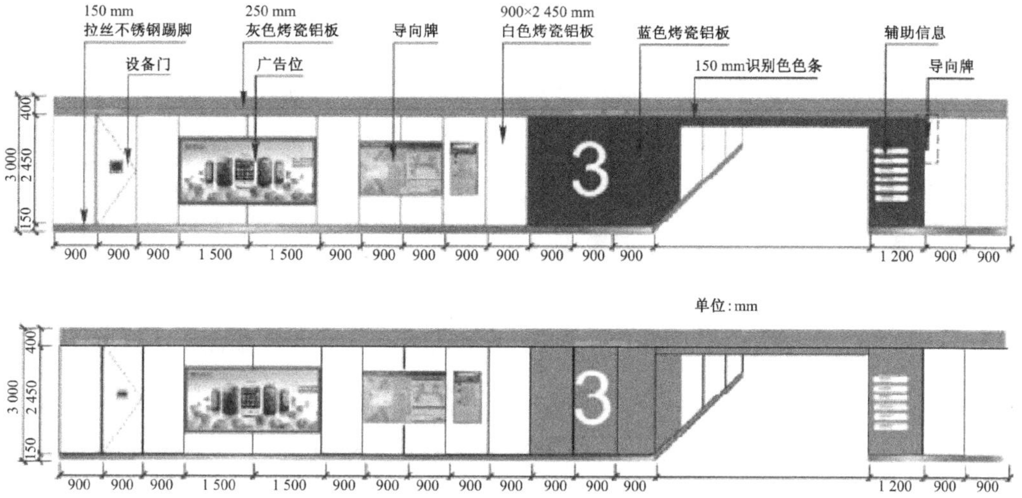

图 4-3　南京地铁机场线站厅与通道墙面设计

资料来源:苏华,马天生《南京地铁机场线车站整体装饰研究》

4.2.2　装饰界面选材的综合比较

材料是工程实施的物质基础,设计的思想和效果也需要通过材料体现出来,没有材料支撑,任何设计只能是空中楼阁。对于地铁站室内工程,最主要的是装饰材料的使用,如何选用装饰材料不仅是美学问题、工艺问题,更重要的还是节约型设计问题。装饰材料种类非常多,有传统天然材料,也有现代复合材料;有硬质材料,也有软质材料;有防火材料,也有易燃材料。不同种类材料的特性差别很大,即使同一种材料,还存在价格上的千差万别。通过综合比较,选用适宜地铁站空间使用的装饰材料本身就是最大的节约。

1）地铁车站空间对装饰材料的特性要求

耐久性:城市地铁工程的施工难度较大,耗费时间、人力、物力、财力较多,一般按使用百年的标准设计、建造。地铁投入运营后,会极大缓解城市交通拥堵的情况,提高市民在城市的通行效率,可以说,地铁线是城市客运的大动脉。因此,地铁站一旦使用,就很难再次封闭施工,广州地铁 1 号线装饰改造工程边施工、边运营就是例证。因此,车站室内装饰工程也应具有较长的使用寿命,以期尽可能延缓再次装修改造的时间。这就对装饰材料的耐久性提出了较高要求,特别是大量使用且不易更换的装饰材料都应是经久耐用的材料。

耐磨性:交通类建筑最显著的特点是人流量较大。由于地铁是大中城市最主要的交通方式,人流密集度高、流动速度快是其人流通行最主要的特点,特别是上下班高峰期和节假日,大城市的地铁站用人满为患来形容也不为过。面对密集、大量的人流,地面材料是否具有较高的耐磨性至关重要,特别是对于地铁线中的重点站,必须选用具有较高耐磨性的装饰材料。

防火性:防火性能是建筑安全性的一个重要指标。从防火级别而言,公共建筑要高于非公共建筑,公共建筑中,人流密集的建筑对防火性能的要求更高。对于地下空间,由于缺少地面建筑的自然通风窗,一旦发生火灾,形成的浓烟难以快速排至室外。另外,地下空间往往供氧不足,不充分燃烧容易形成更多的浓烟。如果火灾危及应急照明系统,在没有自然光照明的情况下,整个空间就会处于浓烟包围的黑暗之地,车站滞留人员很可能会完全失去新鲜空气的供给和获救的机会。因此,地铁车站装饰材料的防火性能如何,与车站工作人员和乘客的生命安全息息相关,任何一个可能产生安全隐患的环节都不能放过。因而,对于地铁站装饰工程,其材料的防火性能应达到防火的最高级别。

防潮性:对于地下空间,多数人的印象是阴暗、潮湿。正如前文所言,由于地下空间难以获得阳光照射,也很难获得自然通风,其照明和空气流通主要依靠人工的灯光和换气设备,加之地表水或地下水的影响,较高的空气湿度成了地下空间室内环境的一个显著特征。室内环境湿度过大,对材料会产生腐蚀作用(上海地铁 1 号线吊顶材料就明显出现了被腐蚀的迹象),尽管有人工换气除湿系统,也难以达到地上建筑的干燥程度。具有良好的防潮性能,是选用地铁站装饰材料一个重要的参考指标。

经济性:地铁项目线路长、站点多、耗资巨大,任何一项节约措施反映在整个项目上都是一笔不小的费用。因此,选用装饰材料时,在其他性能指标接近的情况下,材料的经济性会凸显出来,特别是对于大量使用的装饰材料,选择实用且具有较好经济性的材料代替昂贵材料能大幅度降低装饰工程造价。事实上,即便同一种装饰材料,其价位也存在高、中、低的差别,因而,经济性同时也意味着材料选择的适宜性。当然,这种价位上的差别也有运输成本的影响(运输成本主要有燃油费、过路过桥费、人工费、车辆折损费等)。长途运输不仅会抬高材料的价格,同时运送路途中车辆尾气的排放也会污染环境，从节约的角度而言，选择近距离厂家生产的装饰材料会有较好的经济性。

除上述5方面的性能要求外，地铁站使用的装饰材料还应具有耐撞击、易加工、易施工等特性，这些性能要求虽不如上述5点重要，但忽略材料的这些特性也不利于工程的节约。

2）地铁站工程可选材料特性及其优缺点

装饰材料的种类虽然很多，但能够满足上述性能要求，可以在地下空间大量使用的材料并不多。通过文献分析并结合笔者对车站材料使用状况的调研，可以发现，适合地铁车站空间使用的装饰材料主要有铝板、钢板、石材、瓷砖等，下文根据应用部位分别阐述各种材料的特性及其优缺点。

（1）地面装饰材料。

可用于地铁站地面的装饰材料主要有石材、预制水磨石、地砖和环氧树脂漆。常用石材主要是大理石和花岗岩，二者的使用寿命都比较长（大理石可达到50～100年，花岗岩的使用年限可以达到100年以上），但大理石质地偏软，且价格昂贵，不适合用于人流较多的公共空间（虽然也有个别地铁站用大理石做地面，但使用效果并不理想，表面划痕、裂缝、局部断角等问题出现的较多）。而花岗岩结构密实、硬度高、吸水率低、耐磨性能好、价格适中（一般用于地面的国产花岗岩价格在300元/m^2左右），非常适合用于人流较多的公共空间，其缺点是有色差、容易泛碱。水磨石是水泥与碎石相拌的地面复合材料，新型预制水磨石硬度高、防潮性能好、拼缝严密、颜色选择余地大、价格一般在120元/m^2左右。但该材料的使用年限要远远低于黄岗岩，虽然目前并没有关于水磨石使用年限的权威数据，但多数研究显示该材料的使用寿命一般在20～40年。在一般民用建筑中，玻化地砖是当前被广泛使用的地面材料。玻化砖质地坚硬、吸水率低、色彩多样，价格略低于预制水磨石。但地砖的耐磨性能一般，表面玻化层寿命在10年左右，虽然新型微晶面层玻化砖的耐磨性能有所提高，但其寿命也仅有15年左右，在价格上每平方米要高于普通玻化砖50元。近些年，环氧树脂漆在工厂、学校、地下车库等场所被广泛使用。该材料防水、耐磨、整体性好、施工简单、价格低廉（50元/m^2左右），但缺点是使用寿命短（一般不超过10年）。通过上述分析可以发现，花岗岩虽然价格高，但其使用寿命最长，耐磨性最好，综合性价比较高，有其他地面材料无法取代的优势，从全寿命周期角度看是最具节约性的装饰材料。对我国地铁车站地面材料使用现状的调研结论也证明了这一点。至于其他几种地面材料，价格优势比较明显，少量使用也是不错的选择。

（2）墙、柱面装饰材料。

可用于地铁站墙、柱面的装饰材料种类较多，石材、铝板、搪瓷钢板、墙砖、彩釉玻璃、马赛克、陶铝板等都可采用。墙、柱面装饰材料除考虑防火、耐久、经济等指标外，材料的美观性、抗撞击性和易施工性也应是重点考虑的内容。上文已对石材的优缺点进行了说明，石材用于墙面，耐久性和抗撞击性较好，价格也比较适中，但石材质量较重，在易施工性方面不占优势。铝板装饰效果好，质量轻，易于加工、运输和安装，价格适中，在地铁空间拥有广阔的运用前景。较早用于地铁站墙面装饰的是 3 mm 厚氟碳喷涂铝单板，每平方米价格在 200～300 元，近些年逐渐被烤瓷铝板代替。原因是采用氟碳喷涂工艺的铝单板，其涂层耐候性一般（通常在 15～20 年），且表面硬度较低（2H），易产生划痕。而烤瓷铝板表面层是陶瓷油漆，与氟碳涂层相比，烤瓷涂层的硬度有了较大提高（5～8H），抗划痕性较好，耐候性可达 30 年以上，防火性能也有较大提高（可达到 A1 级），不足之处是价格略高于氟碳铝板①。可以看出，烤瓷铝板各项指标与搪瓷钢板非常接近。不过，由于铝质底层硬度远低于钢质底层，当表面涂层遇到物体猛烈撞击后，会产生局部凹陷，但不会出现搪瓷钢板绷瓷的现象。搪瓷钢板是以1～2 mm 厚优质钢板为基层，表面附着搪瓷的高档装饰材料。搪瓷钢板基层坚韧、抗冲击性强、防火耐腐蚀性好、表层耐候时间长（大于 30 年），在香港、上海、南京等城市的地铁站有大量应用，装饰效果被大众普遍认可，是地下交通空间优先选择的装饰材料之一。但是，搪瓷钢板也有一些缺陷：一是材料价格较高，每平方米价格在600～800 元，特殊加工的异形板要高于 1 000 元；二是自身重量较大，在工艺上对承载其的钢架的强度要求较高，在易施工性能上不如铝板。瓷砖的缺陷是耐磨性能一般，但将其用于墙面，耐磨性的缺陷就不必考虑，反而有较大的价格优势。为了便于施工，墙砖的规格不宜太大，但容易造成瓷砖墙面的装饰整体性不强，在视觉美感上也弱于石材和金属板；由于采用干挂工艺，受外力撞击后易产生破损。彩釉玻璃的加工原理是将无机釉料通过丝网印刷技术印刷在玻璃上，然后通过高温烘烤和钢化将釉料和玻璃牢牢地熔合在一起。彩釉玻璃

① 蒋善江，张群. 浅谈烤瓷铝板的应用前景[J]. 中国建材科技，2012(6)：86-88.

有较好的耐腐蚀性，颜色图案丰富，现代感强，价格适中(价格主要与玻璃厚度有关，8+8钢化夹层约220元/m^2)。但该材料抗冲击性能一般，并且自身重量大，材料的运输、安装难度较大。马赛克装饰效果丰富，颜色图案多样，有较好的艺术欣赏价值，且价格优势明显。但该材料一般采用湿作业做法，大面积使用施工速度较慢，当然，如局部使用马赛克也可以通过胶粘的方法。陶铝板主要是由硅酸铝、瓷土粉、高岭土等材料通过无机黏合剂黏合，然后加热固化后形成的板材，表面可用树脂、实木等材料贴面做装饰面。该材料防火等级高、维护成本低、耐腐蚀能力强、抗冲击性好、价格适中，比较适合用于地铁、隧道等地下空间。目前，该材料在地下隧道中应用较多，地铁空间内的应用较少(上海地铁对该材料应用较多)。

(3) 顶面装饰材料。

地铁站空间顶面所用装饰材料主要是铝合金，包括铝合金板、铝合金管、铝合金挂片、铝格栅等。与钢材相比，在厚度相同的情况下，钢板的强度与平整度优于铝合金板，但铝合金材料的重量低于钢板，抗腐蚀能力也强于钢板。综合比较，用于吊顶部位时，轻质、高强、耐腐蚀性好的铝合金材料更适合地铁车站空间①。

3) 节约型设计选材策略

上文从装饰体系的角度分析了适用于地铁空间装饰材料的特性及优缺点。由分析可知，除顶面材料选择余地较小外，地面特别是墙柱面材料有着比较大的选择余地。由于地铁工程耗资巨大，任何可能降低工程造价的措施都非常有现实意义，如何将不同档次的材料更合理地组合在车站空间中，对于降低工程造价有着重要的影响。因此，为了更好地让材料物尽其用，有必要从设计环节入手，依据经济、实用、美观的设计原则，探索可行的节约型选材策略。

(1) 按站点选材。

在节约型设计原则研究部分，笔者提出了车站标准分级的原则，即车站按重要性和人流密度可分为重点站、一般重点站和普通标准站。对于地面设计，重点站和一般重点站可选择寿命长、档次高、耐磨性能好的花岗岩材料；标准站则可使用耐磨性、美观性一般，但价格优势明显的地砖、预制水磨石或环氧树脂漆。对于墙柱面，重点站可选用性

---

① 郭晓阳，王占生. 地铁车站空间环境设计[M]. 北京：中国水利水电出版社，2014.

能优势明显、档次高、价格高的搪瓷钢板、烤瓷铝板；一般重点站可少量使用搪瓷钢板，主要使用烤瓷铝板、花岗岩、大理石或彩釉玻璃；标准站则可少量使用烤瓷铝板、花岗岩等中档材料，大量使用经济、实用，但美观性一般的陶铝板、墙砖。由于受施工工艺的制约，马赛克不宜大量使用，但局部使用该材料也会取得较好的效果，且不同标准的地铁站都可使用，这对于消除地铁空间普遍存在的冷漠感，提升车站人文与艺术氛围起到了重要作用。南京地铁 2 号线的墙面设计，就采用了按站选材的策略，重点站主要使用搪瓷钢板和烤瓷铝板，标准站主要使用墙砖，有效降低了地铁装饰工程的单平方造价。沈阳地铁 1 号线也采用了相似的策略。沈阳地铁按位置、规模和功能将车站分为甲、乙、丙三类(基本与上文重点站、一般重点站、标准站的提法对应)，甲站和乙站分别有 5 座、丙站 12 座。设计之初，建设方就对车站装饰工程提出了不同等级站点的单平方造价标准，甲站 1 200～1 500 元、乙站 1 000 元左右、丙站 600～800 元①。这种做法虽然没有明确不同等级站点使用什么材料，但有了每平方米造价的限制，等于约束了材料的选择范围，毕竟材料性能与价格有直接的关联。

(2) 按部位选材。

车站标准分级是按站点选材的主要依据，根据车站等级确定各站点主要装饰材料的大致选择范围，强调的是不同级别车站之间的区别。按部位选材针对的是同一站点，考虑到美观性、功能性等要素的影响，兼顾材料使用的经济性，根据车站界面的不同部位选用不同材料。即尽管是同一站点，同一界面也不是必须使用同一种材料，可依据实际使用需求，按具体部位选择材料，这样，既能让材料组合更加合理，又能丰富空间界面的材质关系。对于地面，考虑到功能分区及地面装饰的形式美，地铁站经常采用不同肌理材料组合使用的设计方法。对此，可以依据不同使用部位对材料性能要求的差异性选择材料。如北京地铁 8 号线的奥体中心站，站台地面中间区域使用了浅色地砖，而人流较为集中的站台候车区地面却使用了耐磨、耐久性更好的深色花岗岩，这种依据人流量确定地面材料的做法值得借鉴(图 4-4)。对于墙柱面，可重点考虑抗冲击性和视觉美观性。柱面与墙面相比，受撞击的概率比较高，可以选择抗冲击性较好的材料，重点站点可考虑使用搪瓷钢板，标准站可使用烤瓷铝板或花岗岩。墙面主要分布在站厅层

---

① 杜一鸣. 沈阳地铁装修最高标准 1 500 元/m^2[N]. 沈阳日报，2009-7-24(03).

图 4-4　北京地铁 8 号线奥体中心站站台

资料来源：笔者自拍

和通道，站台层墙面的多少与站台形式有关（侧式站台墙面较多，岛式站台墙面较少）。站厅墙面一般具有连续性和封闭性，但未必选用同一种材料。对于视线容易触及较重要的墙面，可选择视觉效果好、物理性能突出的材料，如烤瓷铝板；一些次要墙面则可使用陶铝板、瓷砖等经济性能较好的材料。通道墙面也未必采用统一的设计方案，重要通道选材可与站厅层主要墙面相同，次要通道选材可与站厅层次要墙面相同。站台层墙面靠车站尽端位置，人流少、视线不易触及，可重点考虑选材的经济性，其余位置可与站厅重要墙面选材相同。

4.2.3　展示建筑形态美

建筑形态是“形”与“态”的组合，即形状与态势。具体而言，形态由材料、形式和意蕴三方面构成。材料是物质基础，形式是设计作品外在的呈现状态，意蕴是隐藏在形态内部、主导整个形态的逻辑核心。显而易见，建筑形态设计的本质是通过材质与外在形式表达内在的意蕴。建筑形态可分为外部形态和内部形态，一个优秀的建筑作品应是内外形态统一，特别是公共空间，内部形态与外部形态同等重要，这一点在很多经典作品中都有呈现。如程泰宁院士设计的浙江美术馆（图 4-5），该馆位于杭州西子湖畔，设计者最主要的理念是要表达“中国水墨的画境及杏花春雨江南的诗境”，塑造一座既有强烈现代审美意识，又有江南文化内涵的美术馆①。为了将创作的理念完美地表达出来，程院士对建筑屋顶形态设计投入了大量精力，希望通过起伏多变的深色玻璃屋顶体现山川的峰峦叠嶂之感。从实施效果看，美术馆的屋顶形态设计是成功的，人们站在不同的角度观察，屋顶形态也呈现着不同的轮廓，造型生动、层次丰富，烟雨江南的意蕴十足。进入内部空间，人们很难发现室内设计与建筑设计有什么区别，甚至没有感觉到室内有过设计，毫无遮挡、毫无隐藏，屋顶形态以一种充满张力的画面完全展现出来，达到了室内设计师陈耀光“让室内设计消失在建筑与展品之间”的创作初衷。笔者在现场看到，玻璃屋顶的钢架由于施工原因显得有些粗糙，按照一般的设计逻辑，室内设计师会通过装饰手段遮蔽建筑上存在的缺憾，试想，如果采用这种设计逻辑，屋顶形态独特的意蕴还会存在吗？内外形态如何保持最大限度的统一？扪心自问，我们何必采用二次装饰这种既浪费人力、材料又影响建筑形态美的做法呢？同理，对于地铁车站空间的内部形态，在没有充足理由遮挡的前提下，应该让建筑的形式、材质尽量展示出来，其室内设计应立足于对原有建筑形态的尊重和利用，无须为了突出所谓的装饰设计在原有形态上涂脂抹粉。

图 4-5　浙江美术馆屋顶形态

资料来源：百度图片

从上文分析可知，建筑的形态之美主要表现在结构形式之美和材质之美两个方面，以形和质为基础才会产生建筑意蕴之美。对于地铁站，地上站设计的自由度较大，空间形态一般比较丰富；地下站往往比较规矩，但也不排除重点站地下空间的个性化形态设计。材料上，混凝土在地下空间有着独特的优势，因而在国内外地铁站被广泛应用。这

① 程泰宁，王大鹏．通感、意向、建构：浙江美术馆建筑创作后记［J］．建筑学报，2010(6)：66-69.

种流体建材可塑性较好，可为形式表达提供广阔的发挥空间。另外，混凝土既能表达类似石材的粗犷与厚重感，也可表达类似光洁材料轻盈、细腻的质感。混凝土的这些特性会被敏感的建筑师充分利用，历代设计大师，如柯布西耶、鲁道夫、安藤忠雄等都用混凝土塑造了大量的经典建筑作品。因此，地铁站的节约型室内设计，应尊重原有空间形态之美，并通过适当的设计策略对其充分展示和利用，而非反其道行之。主要策略如下：

1）以建筑形态为展示主体

对于重点站或具有特殊意义的站点，为突出其重要性，建筑设计的个性化特征会比较明显，空间形态丰富，结构形式新颖。当然，这些个性化特征主要反映在顶面，少量会在墙面体现出来。对于这类站点，应采用以建筑形态为主体，全方位进行展示的设计策略，如伦敦朱比利线的加那利码头站就是一个很好的例子（图 4-6）。该站空间形态丰富，结构柱体与顶面均未进行二次装修，朴素、清雅的素混凝土界面与周边环境高度契合，高耸的柱体与具有优雅弧线的顶面所构成的形态震人心魄。我们不禁要问，对于这样的建筑形态，有隐藏的必要吗？更有意义的是，该站的设计不只是通过结构将站点空间支撑起来，这种结构形态的逻辑美、技术美和力量美有较高的艺术价值，充分展现结构带给人的视觉及心理震撼，远非矫揉造作的装修设计能够企及。又如加拿大蒙特利尔地铁站[图 4-7(a)]，站厅层顶面完全暴露，具有粗犷、浑厚气质的混凝土一览无余，密梁结构的韵律美浑然天成，让人很容易联想到柯布西耶的马赛公寓。另外，照明设计也考虑到了结构梁的特点，灯具与梁的形式完美结合在了一起。除了顶面，蒙特利尔地铁站的墙面也极具特色，从图 4-7(b)可以看到，如果没有座椅、照明支架等设施，大量的墙面也都被混凝土占据，这一点与国内地铁站有较大差别①。显而易见，与

图 4-6　伦敦朱比利线加那利码头站

资料来源：肯尼斯・鲍威尔《伦敦地铁银禧延长线》

① 国内地铁中都有离壁墙，即装饰墙与原有建筑结构墙之间会留有一定的距离（250 mm 左右），这段距离主要用于铺设设备管线，也有排水作用。

装饰墙相比，混凝土墙面的各项性能会更加突出，既节约，也不失美感，在有条件的情况下，国内地铁站墙面设计也应该大胆探索、采用这种做法。另外，如果地铁站处于质地密实的山体之下，山体被开凿后的自然形态也可以完全展示出来。瑞典斯德哥尔摩地铁站就是一个很好的案例(图 4-8)，该站除地面铺贴装饰材料外，墙面、顶面均保留了隧道开凿后的原始形态。为了便于安装灯具、监控、音响等设备，设计师本着从简的设计原则，从顶部悬吊了形式简洁、以功能为主的钢架作为安装设备的支架。试想，如果设计师采用装饰的手法将山体结构遮蔽起来，结果不仅会大幅提升装饰造价，更重要的是该项目独特的创意和岩洞天然的形态美也会荡然无存。

(a) (b)

图 4-7　加拿大蒙特利尔地铁站

资料来源：杨冰《地铁建筑室内设计》

图 4-8　瑞典斯德哥尔摩地铁站

资料来源：百度图片

2）以建筑形态为展示背景

对于多数地铁站，由于受地下环境各种制约因素的影响，建筑的形式设计往往比较规矩，效果较为平淡、视觉吸引力不足，自身难以成为空间的焦点。对于此类空间，有两种设计方法可以采用：(1) 依靠新的装饰界面隐藏原有建筑形态，通过装饰界面的造型、色彩、质感设计增加吸引力；(2) 尽量不隐藏原有建筑形态，以其为背景，增加新的展示主题。第一种方法在国内地铁站经常运用，但其节约效果远不如第二种方法。第二种方法对新增展示主题的创意要求较高，通过强化展示主题从而弱化人们对原建筑形态的关注，其最终效果也会给人耳目一新的感觉。因而，即使建筑形态自身毫无特色，但如果没有将其隐藏的必要，最好的方法是将原有建筑形态做背景，通过增加新的展示主题改变现有形态。如日本东京城铁 12 号线的饭田桥站就是一个很好的范例(图 4-9)，该车站由日本知名建筑师渡边诚设计。从图中可以看到，在地铁入口处，除扶梯、楼梯外，其余界面材料都是裸露的混凝土，空间形态非常平淡，也毫无趣味所言。然而，设计师匠心独具，在顶部悬吊了系列类似树茎的网架，网架被涂以鲜艳的绿色，荧光灯管也被巧妙地安放在网架支管里，一个圆润而柔和的崭新形象出现在了人们眼前，将原有空间的平淡感一扫而光。有艺术家评论这件作品是“破土而出的创意”，也有人称之为有“飞龙”或“蜻蜓”的意向①，显然，这些评论都将主要关注点放在了网架上面，放在了公共艺术品上。然而，笔者认为，其重要的意义还在于渡边诚未将精力放在界面设计上，而是另辟蹊径，通过公共艺术品设计，调整、改变了原有空间形态，为其注入了新的活力。

图 4-9　日本东京城铁 12 号线饭田桥站

资料来源：杨子葆《世界经典城铁建筑》

① 杨子葆.世界经典城铁建筑[M].北京：新知三联书店，2006.

4.2.4 体现管线技术美

地铁站专业系统众多，包括通信、信号、供电、防灾报警、设备监控、自动售检票、空调通风、给排水消防等十余项内容，既然称之为系统，它们的运转就离不开专门的管线。换言之，任何一个地铁站，都会有十余个系统的管线共存于同一空间。通常，地铁站的顶部是布置管线的优选位置。如此多的管线全部安装在顶部，且各系统都有自己的安装规范和标准，它们之间不会存在矛盾吗？确实存在矛盾，走进地铁站的施工现场就会发现，各种管线之间互不协调、我行我素、凌乱不堪的现象比比皆是，形象极不雅观，可以说，这种现象几乎是我国多数地铁车站施工现状的一个缩影。为了掩盖这些已存缺陷，室内设计只能在吊顶上做文章，通过顶面装饰隐藏凌乱的管线。然而，这些管线和设备本身就是人类技术文明进步的成果，它们也有自己特有的美感，难道不可以作为空间中的装饰元素吗？答案当然是肯定的，如果采用主动的室内设计策略，看似无序的管线完全可以呈现另外一张面孔。

1）蓬皮杜艺术中心的启示

蓬皮杜艺术中心位于巴黎市中心博堡大街，1976 年建成以来，一直备受争议。艺术中心的设计者是英国人罗杰斯和意大利人皮亚诺，他们通过国际竞赛获得该项目，这次合作，使他们在国际上产生了巨大的影响力。蓬皮杜艺术中心的外形是一个简单规则的长方体，建筑长约 160 m，宽约 48 m，地上 6 层，内部有现代艺术博物馆、图书馆和工业设计中心，图书馆和工业设计中心分布在 1～2 层，3～6 层是现代艺术博物馆①。

蓬皮杜艺术中心给人最深的印象是结构和管线全部暴露在建筑室外立面和室内顶面上（图 4-10）。如果说结构的外露并不稀奇的话，管线外露却出乎所有人的预料，甚至颠覆、扰乱了当时的审美观，反对者认为，它的形象简直就是炼油厂或核电站，不与周边环境匹配，是城市的叛逆者。更有意思的是，暴露的结构和管线还被涂上各种鲜艳的色彩加以强调，其中红色代表交通系统，蓝色代表空调系统，绿色代表供水系统，黄色代表供电系统。显然，外立面和室内大量暴露的管线成了艺术中心最主要的特征。但是，

---

① 刘先觉.现代艺术殿堂的室内外艺术——蓬皮杜文化艺术中心访问记［J］.室内设计与装修，2005(3)：108-109.

我们不能将这座建筑简单理解为管线的暴露，否则，它与实用且呆板的一般工业建筑并无本质区别。笔者认为，蓬皮杜艺术中心的独特之处在于，复杂的管线除了具有特定的功能和鲜明的技术特征之外，它们本身就是被艺术化的语言，成了建筑的装饰性元素，设计者采用这种表现手段，应该是打破传统装饰常规之举，试图走出一条创新的设计之路，利用艺术化的管线展示现代技术之美。对此，清华大学建筑学院的王舸做过深入分析，他认为蓬皮杜艺术中心的管线在线的造型和线的组织上有鲜明的技术和艺术双重特征①。首先是线的造型。大量使用“线”塑造形象，如果线的造型缺少变化，很容易造成单调乏味的情形，但艺术中心不同线的造型既有很大差异，又有明确的秩序，效果非常动人。造型的变化主要体现在两个方面，一方面是线的色彩丰富，不同功能的管线分别用不同颜色区分，通过色彩反差强化了管线的存在感；另一方面是管线的直径变化较大，从大到小有十几种规格 ，最大与最小的管线直径相差近 100 倍，强烈的线径对比产生了巨大的视觉张力，形成了丰富的变化。其次是线的组织。艺术中心线性元素的组织，既注意整体的规律性，又注重在局部打破规律，在线的分布上强调疏密变化，立面的管线有些非常密，有些很疏松；在线的空间组织上，由内至外呈现逐步变细的趋势，以开放的形象营造轻盈、通透的视觉效果。总体而言，设计者既强调线与线之间的差异和对比，又注重线与线之间的层次和秩序，在丰富的变化中寻求和谐统一。

图 4-10　法国蓬皮杜艺术中心

资料来源：百度图片

① 王舸. 线性元素的造型艺术：当代语境下对蓬皮杜艺术中心视觉形象的重新解读 [J]. 华中建筑，2014(9)：20-24.

今天，人们已很难听到反对、斥责蓬皮杜艺术中心的声音，更多的是赞美之词，它新奇的造型艺术，经过几十年的考验，终于同巴黎卢浮宫玻璃金字塔和埃菲尔铁塔一样，逐步得到了社会的理解和认可。这个案例表明，将建筑中的管线暴露出来并进行艺术化处理，可以展现现代技术之美，它们作为室内空间的装饰元素而存在，没有必要将其隐藏。这也启示我们，在地铁空间的设计中，不能被动地通过吊顶去隐藏凌乱的管线，而应发挥室内设计的主动性，提早介入地铁项目，对管线设计和施工提出严格要求，让管线通过合理整合、有序排列，在空间中作为装饰元素暴露出来，展现技术和秩序之美，这远比吊顶装饰这种浪费人力、物力的做法更能打动人心。

2）顶面设计策略

上述案例表明，如果能对车站各系统管线进行精心设计和施工，它们完全可以暴露于室内环境，如此既节省顶面装饰费用，也方便后期对管线的维护。对此，室内顶面设计要调整思路，采用相应的设计模式，将管线的技术美展现出来。

（1）无吊顶模式。

无吊顶模式就是室内顶面不做任何吊顶，无论站厅、站台还是通道，全部采用管线暴露的设计方式。中国香港地区地铁的很多车站就采用了这种方式，各种管线整齐、有序地排列在顶部，即使没有吊顶，也不觉有什么不妥，反而感觉空间更宽敞，形态更丰富。采用这种设计模式，除了对管线的空间组织和施工质量有较高要求外，还应处理好管线的颜色。由于各专业系统对管线颜色并没有明确或统一的色彩要求，管线安装完毕后，有的管线是保温材料颜色、有的管线是不锈钢本色、有的管线则是防锈漆颜色等，多种关联度很低的颜色组合在一起，往往难以协调、缺乏色彩美感。为了更好地展现管线的技术美，其色彩设计必不可少，对此，有两种色彩设计方案可供参考：其一是蓬皮杜模式。借鉴蓬皮杜艺术中心的设计思路，按管线属性分别喷涂不同颜色，管线大致可分为空调系统、供水系统、强电系统和弱电系统四大类，可采用四种颜色进行区分；对于管线吊架，可与相应管线同色，也可将所有吊架的色彩统一。这种色彩设计方案会进一步强化管线在地铁空间中的存在感和装饰性，但有一点值得注意，因为地铁站深处地下，需全天候依靠人工照明，当顶面灯光开启时，光源与管线会形成强烈的明暗对比，此时的光源对人眼而言，就是潜在的眩光，因而，在人工照明的反衬下，即使管线色彩丰富，也很难将人的视线吸引上去。当然，如果地铁站设计引入了自然光，特别是侧面采光，在相当长的时间内可以不开启顶部人工照明，这种情况下，该设计方案的视觉效果会非常理想。其二是统一色彩。这种方案是将管线颜色统一起来，不过分强调管线的装饰性，而是含蓄地展现管线的秩序美，至于色彩，应尽量内敛、沉稳，可以选择有色系颜色，也可以选择无色系颜色。目前，国内有些新建或改建的地铁站，采用无吊顶模式时，会将管线喷涂统一的颜色，取得了不错的效果。如上海地铁 11 号线龙耀路站的改造设计（图 4-11），设备管线组织得井然有序，各种支架安装得横平竖直，加上统一的深灰色皮肤，管线的秩序美展现得淋漓尽致，对此，该站顶面无须再做任何装饰，统一颜色的涂料喷涂和必要的悬挂灯带已能满足需要。

图 4-11　上海地铁 11 号线龙耀路站

资料来源：笔者自拍

（2）极简吊顶模式。

当前，我国地铁站的主要照明器具是配备节能灯管或 LED 灯管的格栅灯盘，如果没有吊顶，格栅灯盘的固定及电源线的引入会存在一定困难。上文提到的龙耀路站虽然没有吊顶，但它采用了连续光带照明的方式，而非一个个相对独立的灯具，这样就降低了灯盘固定及电源线引入的难度。如果灯具相对独立地分布在顶面，为了解决上述技术问题，最好的方法是依据灯具的布局规律进行局部吊顶，既有装饰作用，也能作为固定灯具的支架。基于展示管线技术美的目的，吊顶应坚持尽量少的设计原则，吊顶面积不宜太大、形态不宜太实，应是一种极简的吊顶模式。国内有些站点已在探索这种吊顶模式。如上海地铁12号线的巨峰路站(图4-12),站厅层顶部采用了格栅灯盘与筒灯间隔布置的照明方式,灯具与灯具之间虽然呈线性关系,但彼此并无直接联系。结合灯具的这种布置规律,设计者巧妙地设计了带形的铝架,既在形式上加强与灯具之间的联系,又在技术上解决了灯具固定及走线问题,在丰富顶面层次的同时也不影响系统管线技术美的展示。又如广州地铁2号线(图4-13),吊顶采用铝管框架结构,管与管之

图4-12　上海地铁12号线巨峰路站

资料来源:笔者自拍

图4-13　广州地铁2号线地铁站

资料来源:郭晓阳,王占生《地铁车站空间环境设计》

间十字交叉，两根管组成一个单元，间距为一个灯具的宽度，同时，单元与单元的距离也与灯具之间的距离相呼应。由于吊顶只是框架，形态上以虚为主，因而，其更多的意义是固定灯具，丰富顶面形式，而不是遮挡上部的管线。从以上两个案例可以看出，与其说采用了极简的吊顶模式，不如说是采用了吊架模式，它们只有吊顶的形式，而无吊顶的实际意义，其最大的作用是不影响管线技术美的展示。

4.2.5　顶面被动优化设计

地铁站的顶面设计最重要的一点是要处理好与各系统设备、管线之间的关系，如前文所言，如果管线设计合理、施工质量高，顶面设计的自由度会非常大，不做吊顶也没问题，该观点已被有些案例证实。然而，真正达到上述要求却非常不易，主要原因一方面是各系统施工分属不同专业公司，施工过程中时常会出现一些矛盾难以得到及时解决，导致无法按图纸要求施工；另一方面国内相关公司无论是管理还是施工人员技能的精细化程度，多数仍处于比较粗放和低水平状态，这也导致了管线施工质量不高，特别是秩序性和美观性较差。对此，笔者有过亲身经历，在南京地铁2号线设计期间，室内设计介入较早，在专业系统施工前，就提出了“加强设备管线集成，提高管线秩序性、美观性”的要求，业主方和总承包方也给予了足够的支持，并对各系统专业的图纸进行了整合优化设计。然而，由于国内施工方早已习惯了粗放的管理和施工模式，一时间很难适应精细化施工的要求，虽然努力做了改变，但无论施工过程还是最后的结果都无法达到令人满意的效果。因此，导致室内顶面设计的很多想法没有实现，被迫回到了采用吊顶装饰、遮挡设备和管线缺陷的老路上来。诚然，随着国内设计、施工水平的不断提升，相信这些问题会逐步消除，但当前现状还会存在一段时间，对此，我们只能被动地进行顶面设计，通过吊顶，将各种管线隐藏起来。由于是被动式设计，顶面与设备、管线之间的矛盾点就会增多。因此，需要对常规吊顶模式进行优化，其目的是改善空间效果、节省材料使用、减少施工难度及方便后期维护。主要策略如下：

1）整合管线、设备，提升空间高度

从专业角度而言，将各种管线均匀地布置在顶面更有利于施工组织和发挥它们的性能，然而，不利的结果是，所有位置都需要吊顶，且吊顶高度会受到限制。我国多数地铁站的站厅、站台吊顶后，空间净高约 3.2 m，对于小型空间，这个高度非常舒适，然而，对于人流量大、空间开敞的地铁交通空间，此高度则有些偏低，易让人产生压抑感。如果通过增加建筑层高的方法提升室内净高，显然不太经济，最好的方法是对影响吊顶高度的管线、设备进行梳理、整合，减少自身占用空间的容积。影响吊顶高度的主要因素是空调管道，其次是喷淋主管和各种桥架，喷淋支管、强电、弱电线管等管线影响较小。因此，如果能将空调管、喷淋主管和桥架相对集中地整合在一起，而不是均匀布置，顶面有些区域的高度就有提升的空间。管线集中后，顶面有些区域管线会比较少，此区域就可以采用极简吊顶模式甚至不吊顶。以双排柱标准站为例，无论站厅和站台，如果将主要管线、设备全部集中在墙柱之间，那么，柱间的顶部空间就会被解放出来，吊顶高度不仅能够提升，而且还能进行更加自由的设计构思。北京地铁 14 号线的九龙山站就是一个很好的探索案例(图 4-14)。从图中可以看出，设备、管线被集中在两侧的墙柱之间，且贴近建筑顶板，柱间虽然也设计了吊顶，但吊顶高度明显高于两侧，顶面造型的自由度也非常大。九龙山站应该说是一个比较特殊的案例，因为它排除了柱间出现管线的可能性。事实上，即使进行管线整合，将主要管线集中在柱墙之间，柱间还是会出现一些系统支管、强电弱电线管等少量管线，通常，柱间吊顶高度也不可能提升太多(除非将各种管线通过折弯的方法全部安装在结构板底)。不过，柱间采用全部吊顶的方法并不理想，最适中的方法是极简吊顶模式，少量局部吊顶。如上海地铁 12 号线的隆昌路站(图 4-15)，柱间区域只在局部设计了云形吊顶，由于管线较少，即使管线对视觉美感有些影响，也无碍大局，特别是局部的云形吊顶也会分散人们对管线的注意力。很明显，采用这种吊顶模式，既节省装饰材料，又不影响空间高度，对我国绝大多数地铁站都比较适用。

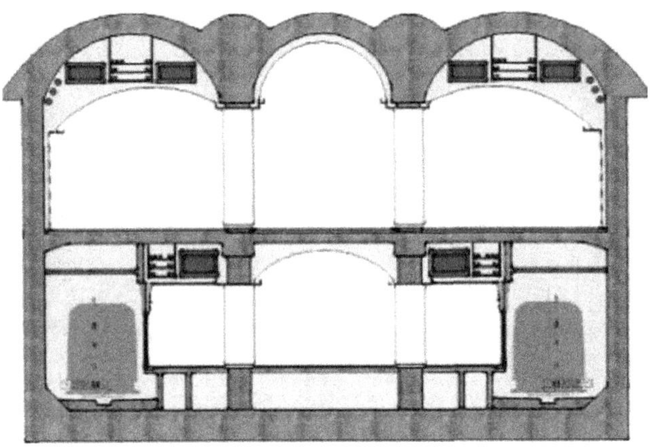

图 4-14　北京地铁 14 号线九龙山站剖面

资料来源：孙肇晨《城市轨道交通车站公共区空间一体化设计研究》

图 4-15　上海地铁 12 号线隆昌路站

资料来源：笔者自拍

2）避免顶面开口，方便终端悬挂

地铁车站工程很多专业系统的终端设备都需要悬挂在吊顶下方，如监控、时钟、导向信息指示牌、显示屏等，为了便于设备悬挂，常用的做法是通过金属吊杆将设备固定在吊顶下方。金属杆上端被固定在建筑结构上或者钢架上，下端连接各种设备，杆件就需要穿过吊顶装饰层。对于铝管、铝挂片等非密实性吊顶，吊顶装饰构件之间有一定的间隙，吊杆可以从顶面空隙中穿过，无须为吊杆预留开口。然而，对于铝板吊顶，由于铝板之间是密缝连接，为了便于吊杆悬挂，安装铝板前就需要在铝板上预留开口。就现有加工工艺而言，铝板预留开口不存在任何困难，困难在于施工环节。施工的程序是先固定吊杆，然后再吊顶，理想的结果应该是吊杆固定点和预留开口基本吻合。但是，实际操作过程中，吊杆的固定位置很难做到与图纸中的定位完全相符，有的甚至错位较大，结果就会造成预留开口失效必须现场人工开口的现象发生。人工开口的优点是可以在施工现场很精确地定位吊杆位置，但存在金属板开口难度大，开口形状不整齐、不美观等缺点（法兰遮盖效果也不理想），大量的人工开口出现在顶面既破坏视觉美感，也是对人工资源的一种浪费。由此可知，预留开口无法取得理想结果，人工开口也存在一系列问题，显然，通过铝板开口的方法解决设备悬挂的问题可行性不强，应探索其他可行方法，避免铝板开口。笔者认为，避免铝板开口最有效的方法是局部不吊顶。具体做法是对铝板吊顶区域可能存在的吊杆数量进行统计，对它们的位置进行整合，使各种吊杆在顶面呈线性规律分布，这样，沿线区域就可以局部不吊顶，铝板也不会存在开口问题。以广州地铁 2 号线的一处通道为例(图 4-16)，该通道顶面为铝板吊顶，但并未全部使用铝板，在横向中间位置及纵向间隔一定距离，都有约 30cm 的留空，这些留空不仅让顶面产生了虚实变化，更重要的是，为设备吊杆悬挂预留了充足的可操作空间。

图 4-16　广州地铁 2 号线通道

资料来源：笔者自拍

3) 采用开启式吊顶，便于后续维修

地铁开通运营后，设备的维护与维修成为常态性工作。从前文可知，多数设备都集中在地铁站顶部，采用被动吊顶模式后，维修人员需要打开顶面装饰层才能进行维修操作。对于铝挂片或铝管吊顶，可以通过拆卸部分挂件为维修人员留出操作空间，维修工作完成后重新将挂片或铝管复位即可。但对于铝板吊顶，就存在较大难度，尽管铝板也可以拆卸复位，不过在拆卸再安装过程中铝板容易变形，特别是经过反复拆卸后，铝板的平整度难以保证(设备专业的维修人员对铝板的拆卸和安装方法不熟悉也是导致铝板平整度受影响的一个重要原因)，影响视觉美观。因此，对于铝板吊顶，那些需要经常

图 4-17 机场的开启式顶面设计

资料来源:马亮提供

维修的部位,就需要进行特殊设计。这里可借鉴门的设计原理,门一般是通过合页与门框连接,能够非常灵活的自由开启,当然门的连接与开启方式不止一种。如果铝板吊顶局部采用这种门式可开启技术,对于后续维修会非常便利,既有利于维修操作,也不会影响铝板的美观性。如国外某机场吊顶的局部设计就采用了这种可开启式的做法(图 4-17),它的开启原理与折叠门类似,铝板两端暗藏了滑轨,设备需要维修时,不需要拆卸铝板,只需将铝板一块块打开,推至一端,维修完成后复位即可。这种省时省力的做法为后续维修提供了极大便利,即使非专业人员也能很轻松地开启、关闭检修门。

4.3 车站空间照明的节约型设计策略

4.3.1 充分利用自然光

自然光取之不尽、用之不竭,与其他资源相比,具有清洁、安全的特点,建筑中充分利用自然光,能够节省大量的照明用电,另外,节约用电可以间接减少自然资源的消耗和有害气体排放,保护自然环境①,可以说,充分利用自然光,既节能又环保。以北京地区为例,9—17 时的时间内,室外平均照度达到 5 000 Lx 的天数占全年的 92%,达到10 000 Lx 的天数占 82%,可见,充分利用自然光的节能潜力巨大②。对自然光的利用主要有两种方式,一种是利用建筑的开口进行被动采光,另一种是采用现代技术进行主动采光,从采光有效性角度而言,两种采光方式结合使用往往能取得较好的照明节能效果。

---

① 王爱英,时刚.天然采光技术新进展[J].建筑学报,2003(3):64-66.

② 刘虹,赵建平.绿色照明工程实施手册[M].北京:中国环境科学出版社,2011:294.

1）巴黎地铁 14 号线的启示

人工照明、混凝土隧道、单调的月台，毫无感觉地在楼梯、电梯之间上升、下沉、移动、等待，这些几乎成了大都市交通生活的必然场景。人们进入车站后，就等于进入了与自然环境隔离的另一个世界，不仅视觉上脱离了城市，更悲观地是，在缺少阳光照射和雨水滋润的地下，人们就像没有自然视野的“土拨鼠”①。生活在世界都市之都的巴黎人，一直想改变地下车站的呆板形象，20 世纪 90 年代，地铁 14 号线工程终于为巴黎人提供了改变地铁形象的机会。1990 年，巴黎公共运输局为 14 号线举行征选总建筑师的国际竞赛，建筑师科恩赢得了首奖，科恩面对 14 号线，起初就将“隧道尽头的光明”作为设计主题。其主要思路是利用采光天井引入自然光，消减地下空间无限黑暗的负面形象，人们不再被动地随地铁穿行，不时地能够感知自然的味道（图 4-18）。有些站点受各种条件限制，确实无法实现科恩的原始构想，他便采用人工照明模仿阳光的方式，用来强调“光”的主题。除此之外，有些车站还引入了绿色植物，在阳光的照耀下（有些是人工照明），人们仿佛置身于城市公园或绿地，当地铁从黑暗的隧道驶进明亮且绿意盎然的车站时，相信乘客任何焦躁的情绪都会瞬间消散。当然，十四号线引入自然光的初衷是打破地下隧道的黑暗，在纯人工环境中引入自然因素，改变以往地铁的呆板形象，这是自然光非常重要的作用之一。但除此之外，自然光的引入也很大程度上减少了人工照明的使用量和使用时间，降低了照明能耗。巴黎地铁深处地下 20 多米，仍能将自然光引入，这对我国地铁站的采光设计有非常重要的借鉴意义。

2）被动采光

被动采光主要指不借助现代采光技术或设备，完全依靠构筑物的开口获取自然光。被动采光的优势是不需要投入任何采光设备，但劣势是无法在有效采光时段获取最大量度的自然光。被动采光设计主要靠建筑设计师或结构设计师完成，但最好与室内设计师合作，毕竟自然光对室内环境有着重要的影响，室内设计师对光在室内环境中的作用也有着自己的理解。地下空间采光，特别是城市地铁站采光，存在较大的难度，原因是地上建筑或其他城市设施会制约采光口的位置和采光面积。换言之，设计地铁车站时，设计者须主动寻找可能存在采光条件的位置，设计过程中时刻考虑采光位置与整个

---

① 杨子葆. 世界经典城铁建筑[M]. 北京：新知三联书店，2006.

图 4-18　巴黎地铁 14 号线

资料来源:百度图片

车站空间的关系,才有可能获得理想的采光设计效果。从城市地铁站的分布状况看,车站主体主要位于城市道路或地上建筑物的下方,显然,只有道路下方可能存在采光条件,因为有些城市道路的中间位置规划有较宽的绿化带,借助绿化带可为地铁站提供合适的采光口。当然,地铁站也有可能分布在诸如城市绿地、广场、公园或湖面下方,这些场所会有足够的面积满足地下空间采光的要求。如南京地铁 2 号线的莫愁湖站,设计师就充分利用了车站主体位于莫愁湖下方这一优势,在湖面上设计了 3 个玻璃采光顶,为莫愁湖站室内空间提供了良好的自然光环境。这要求设计者设计车站时,一定要仔细调研车站区位的地上环境,为采光口寻找合适的位置。一般而言,要优先考虑站厅层的采光,一方面站厅是车站的主要使用空间,另一方面站厅层位于站台层上方,具备较好的采光条件(图 4-19);当然,如果将共享空间的理念引入车站设计,站厅层与站台层就可以在空间上贯通,站台也能获得一定的自然光。南京地铁 2 号线的所街站(第五章图 5-17)就采用了这种设计手法,车站顶部中间区域,设计了狭长的纵向采光天窗,共享空间使该站站厅、站台都能获取自然光,从形态上也突破了以往地铁站的呆板形象。但是,对于人流量较大,且站厅面积受限的车站,不宜设计共享空间或较大面积的共享空间,因为,使用共享空间的代价是减少了站厅层的有效使用面积,不利于站厅层进站和出站人流的合理组织。另外，在采光位置不理想的前提下，天窗未必设置在车站的中间区域，设在车站的一侧也是可行的，比如，站厅付费区近文化景观墙上方就是一个很好的位置，自然光洒落在景观墙上，同样能取得既艺术又节能的效果。对于较长的通道和换乘大厅，有条件的情况下也应尽量开设天窗，自然光对于长时间处于地下空间的工作人员，其舒缓抑郁心理的作用比节能的意义更大。如上海地铁 1 号、2 号和 8 号线换乘的人民广场站，换乘大厅就设计了采光天窗，自然光的引入为换乘空间注入了活力和场所精神。值得注意的是，天窗的遮阳问题要引起足够的重视，因为在阳光充足的情况下，被自然光照射到的室内区域亮度极高，会与无法获得自然采光的区域形成非常强烈的亮度对比，由此形成的亮度差难以通过提高人工照明照度的方式解决，较高的亮度差异会造成人视觉上的极度不适。对此，通过遮阳适时调节自然光的进入量，是降低亮度差非常有效的手段。

图 4-19　南京地铁 10 号线梦都大街站站厅层

资料来源：笔者自拍

此外，为了最大限度利用自然光，车站出入口的墙体和顶部，也尽可能部分采用透光材料，将地面自然光通过出入口引入地下空间。这样，出入口区域不仅白天无须开启人工照明，更重要的是，还能起到过渡照明的作用，以免地下空间与室外空间照度差过大引起乘客进出站时的视觉不适。

3）主动采光

被动采光的方法比较简单，易于操作，但这种采光形式也存在一些不足之处①。如采光受时间限制，只能在白天采光；光的稳定性差，从早到晚不断变化，而且受气候变化影响较大；采光天窗区域亮度过大，易形成眩光等。因此，有必要通过技术手段进行主动采光，突破时间、空间对采光的制约，提高采光的稳定性和均匀性，甚至在不开设天窗的情况下，也能使用自然光照明。常用的主动采光技术主要有导光管、光导纤维、采光搁板、采光棱镜窗等，其中采光搁板与采光棱镜窗是辅助建筑侧窗采光的技术方法，并不适合地下空间使用；光导纤维的直径小，采光量低，也不太适用于公共空间；反观导光管，有采光方式灵活、采光量大、易于维护、经济性好等优点，在地下空间的采光上有着较大的应用潜力。

导光管系统②主要由集光器、导光筒和漫射器3部分构成(图4-20)。自然光透过集光器进入导光系统，然后经过导光筒传输，由漫射装置把自然光照射到室内。集光器分被动式和主动式两类，主动式集光器能够根据太阳位置调整采光角度，采光效率较高。导光筒有金属反射型、非金属反射型、透镜组型和棱镜型4种类型，前两类价格低廉，但采光效率一般，后两类采光效率较高，但价格昂贵。导光管系统不仅可以弥补人工照明的不足，节省电力资源，更重要的是基本不需要维护，使用寿命长达30年。不过，它也存有一些缺陷，如光线的收集和扩散受天气状况、日照时长及日照时段等因素影响，因而，导光管系统需要在光能储存方面做进一步改进③。从研究应用方面看，国外开展天然导光技术研究较早，导光管系统已在国外很多地方实现了商品化和标准化，并在项目中得到了应用；国

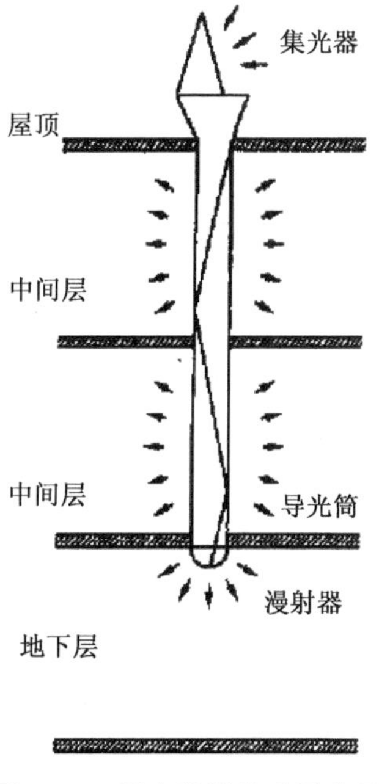

图4-20　导光管的构成及应用

资料来源：王爱英，沈天行《天然光照明新技术探讨》

① 沈天行.天然采光的未来[J].建筑学报，1992，3(2)：92-96.

② 暴伟，宗复芃，赵建平，等.地下空间采光及导光系统的现状及应用展望[J].照明工程学报，2009，20(1)：64-68.

③ 王凡，龙惟定.太阳能光导管采光技术应用现状和发展前景[J].建筑科学，2008，24(8)：109-113.

内，肖辉乾等在1991年开展了导光技术研究，且已在实际工程中应用，不过，导光管系统目前在我国的应用仍非常有限，还处于研究应用的发展阶段。

目前，导光管系统在我国体育场馆、办公建筑、地下车库等都有比较成功的应用案例，但在地铁站中的应用较少。在理论层面，段然、王楠与杨春宇曾做过光导照明在地铁站的应用研究①，该研究以重庆地铁1号线沙坪坝站为研究对象，以200 Lx的设计照度为参考值，分别计算了纯人工照明的用电量和引入光导系统后的用电量，发现每年可节电132 451.2度，节能潜力巨大。光导系统之所以在地铁站的应用较少，主要有3个原因：一是地铁站覆土层较厚，导光管距离较长，施工难度大；二是车站多处于城市中心区域，集光器位置的选择存在一定难度；三是导光管的安装与城市管网之间存在一定矛盾。这些因素对地下车站采用光导系统产生了很大制约，这就需要我们的城市设计者能够从整体上考虑这些问题，一旦这些制约因素得到解决，光导系统一定会在地铁车站中得到广泛应用，成为车站照明的首选方式。

4.3.2 优选照明光源

光源性能对地铁站照明节能的效果影响较大，科学、合理地优选节能光源是实现照明绿色化的关键环节。笔者现场调研发现，地铁空间中最常用的照明光源分别是荧光灯、金卤灯和LED，其中荧光灯的用量最大(直管型和紧凑型)，对这些光源基本性能的理解是优选光源的基础。

1) 不同光源的性能分析

荧光灯也被称为“日光灯”或“节能灯”，属于低强度气体放电灯，它的基本工作原理是利用低压汞蒸气放电产生的紫外线辐射激发灯管内壁上的荧光粉发光。与传统白炽灯相比，荧光灯的各项性能指标比较优越，光效可达60～90 lm/W，显色性在80以上，寿命在8 000～15 000 h②。依据光源的形态，荧光灯分为直管荧光灯、紧凑型荧光灯和环管荧光灯三类，其中，直管荧光灯和紧凑型荧光灯在地铁站的用量较大。直管荧光灯

---

① 段然，王楠，杨春宇，等.地铁台站光导照明系统研究[J].灯与照明，2014,38(1):11-14.

② M·戴维·埃甘，维克多·欧尔焦伊.建筑照明[M].袁樵，詹庆旋，译.北京：中国建筑工业出版社，2006:182.

灯管长度有 600 mm 和 1 200 mm 两类，直径有 T12、T8、T5、T4 等几种规格①(T12 耗能较高，已被淘汰；T4 管径细、亮度高，易形成眩光，不宜在公共空间使用)。紧凑型荧光灯有 U 形、螺旋形、H 形等多种形式，体积小、光效高、寿命长，适用于筒灯照明。荧光灯的缺点是存在汞污染的可能，正常情况下，灯管内的汞不会对环境造成影响，但灯管一旦破碎，汞元素就会渗入水体、土壤，污染人类生存的环境，进而影响人的身体健康。由于我国没有严格、完整的灯管回收制度与体系，无用的灯管常常被随意丢弃在垃圾堆里，很容易发生灯管破碎造成汞扩散的情形。

金卤灯属高强气体放电灯的一种，是在交流电的作用下，在汞和稀有金属的卤化物混合蒸汽中产生电弧放电发光的光源。金卤灯的光效可达到 90～95 lm/W，色温 3 000 K 时，显色指数可达到 80 以上，色温 4 200K 时，显色指数可达到 90②，其寿命在 9 000～15 000 h③。优异的光效、良好的显色性及较长的使用寿命使得金卤灯在公共建筑照明中得到了广泛的应用。但是，金卤灯有启动时间长、不宜频繁开启、光衰较大等缺陷，限制了它在地铁站的应用范围，只有那些空间较高的车站，才会选择使用金卤灯(金卤灯的投光距离长)。

LED 是 Light Emitting Diode 的缩写，也称之为发光二极管。资料表明④，LED 的实验发光效率可达到 200 lm/W(实际在 50～150 lm/W)，理论寿命可达到 50 000 h，甚至更长(实际是不小于 15 000 h)；LED 的显色性也比较好，暖白色温的显色指数能达到 90 以上，冷白色温的也可达到 75，可以满足交通空间的照明需求。另外，该光源易于控制，可通过调整电流，任意改变灯光照度。简而言之，LED 具有高效、安全、环保、易维护等显著优势，被认为是最有可能进入普通照明领域的第四代绿色光源，尽管我国生产的 LED 还存在质量良莠不齐、价格偏高⑤等问题，现阶段要通过科学实验和工程

---

① T 表示灯管的直径，每个 T 是 1/8 英寸，1 英寸是 25.4 mm。因此，T8 灯管的直径就为 25.4 mm (也可说成 26 mm)，同理，可推算出 T5 灯管的直径是 16 mm。

② 刘虹，赵建平. 绿色照明工程实施手册[M]. 北京：中国环境科学出版社，2011：34.

③ 王丹. 商店常用照明光源节能性及环保性研究[D]. 重庆：重庆大学，2006：36.

④ 解辉，蔡波，杜彬彬，等. 办公照明工程设计指南[M]. 北京：人民邮电出版社，2011：28.

⑤ 林怡、郝洛西、蔡烨震在其发表的论文《半导体光源照明在办公空间中的应用分析》中指出，经济性一直是阻碍 LED 推广的最大障碍，文章中将 LED 与 T5 灯管的经济性进行比较，发现使用 LED 照明，在费用上第 11 年才能和 T5 灯管持平。另外，美国能源部在《2009—2015 年固体照明研究与发展计划》中对 LED 灯具的经济性进行了预测，预计到 2022 年白光 LED 一体化灯具的价格才能与传统光源(2×13 W 的 T8 荧光灯)灯具持平。

示范积极、科学地推广 LED 光源的应用①。

通过对地铁车站常用光源基本性能的分析，可以发现：在发光效率方面，LED 的光效最高，然后是陶瓷金卤灯，最后是荧光灯；在显色性能方面，三类光源旗鼓相当；在光源寿命方面，LED 最长，高达 50 000 h，荧光灯与金卤灯的使用寿命相当，都能达到 15 000 h。为此，可得出如下结论：(1) 从节能角度而言，要优先选择 LED，其次是荧光灯和金卤灯。(2) 与 LED 和荧光灯相比，金卤灯的最大优势是亮度高、投光距离长，适用于空间较高的地铁站。由于金卤灯存在启动较慢的缺点，设计照明方案时，应选择一些启动时间短的光源(如荧光灯、LED 等)作为辅助照明。(3) LED 的各项性能虽然都比较突出，但目前依然存在价格偏高、技术不完全成熟、相关设计和测试标准缺乏等问题，影响了它在地铁空间的广泛使用。尽管如此，LED 光源依然是当前和今后车站照明的优选光源。整体而言，荧光灯与 LED 在多数地铁站均可作为主要光源使用，而金卤灯只能在特殊的地铁空间作为主要光源。

2) 不同荧光灯的性能比较

由于荧光灯具有技术成熟、价格适中、节能效果好等优点，因而，该光源在我国地铁站的用量较大。但是，我们要获得最理想的节能方案，还要对荧光灯优中选优。原因在于，荧光灯有不同的类型，各类型之间在性能上还存在一些甚至较大的差异，只有了解这些差异，才能优选出节能效果更好的荧光灯。那么不同类型荧光灯又有哪些优势与不足呢？此处以松下荧光灯为例，选取 3 种最常用的光源类型，对它们的节能效果进行简要的对比与分析。

从表 4.1 可以发现，功率、色温、显色指数三项指标非常接近的三种荧光灯，在发光效率和额定寿命两个指标上存在较大差别：(1) 从光效方面看，EHF 高效荧光灯的发光效率最高，每瓦高达 88 lm；其次是三基色 T8 荧光灯；紧凑型荧光灯光效最低，每瓦仅为62 lm，与 EHF 高效荧光灯的光效差 26 lm，差值接近三分之一。(2) 从使用寿命方面看，光源寿命从长到短的顺序与光效的高低排序相同，不过，紧凑型荧光灯的寿命仅为 EHF 高效荧光灯的一半。由此可知，不同类型的荧光灯，其节能参数可能存在很大差别。选取照明光源时，须对它们的节能参数进行全面比较，尽量选择光效高、寿命长的高效荧光灯，这样不

---

① 刘虹，赵建平．绿色照明工程实施手册[M]．北京：中国环境科学出版社，2011：257.

仅有利于节约能源，更有利于保护环境。当然，EHF高效荧光灯在初始价格上也会略高于普通荧光灯，不过从长期使用收益来看，其带来的实惠要远高于普通荧光灯。

表4.1　松下荧光灯参数比较

光源名称	型号	功率(W)	光通量(lm)	光效(lm/W)	色温(K)	显色指数Ra	额定寿命(h)
三基色荧光灯管(T8)	YZ18RN(FL20SS. EXL/18)	18	1 380	76	3 000	88	8 500
紧凑型三基色荧光灯	YPZ220/18-3U(2 800K)/E14	18	1 120	62	2 800	84	6 000
EHF高效荧光灯①	YZ16RN/G-HF	16	1 400	88	3 000	84	12 000

资料来源：笔者根据松下照明官网资料绘制

3）LED在地铁空间的应用前景

LED作为第四代绿色光源，其应用前景是值得期待的，不过，正如前文所述，LED还存在一些问题阻碍了其在工程中被大量推广应用，从笔者对我国地铁站调研的情况看，绝大多数空间都选用了荧光灯作为主要照明光源也是一个现实的例证。无疑，价格偏高是影响LED广泛进入市场最主要的原因，但是，随着LED生产加工技术的不断成熟，以及该光源在生产、生活等各领域的逐步应用，其产品价格也有了较大幅度的下降，尽管初始价格依然偏高，但从长期使用收益来看，所产生的经济效益是优于荧光灯光源的，这一点已被部分实践案例证实。当前，将LED作为主要光源应用于地铁站，主要有两种途径：一种途径是针对单纯的照明改造项目，为了不破坏现有装修面层，可使用与原有灯具规格完全相同的LED一体化照明器具；另外一种途径是针对新建项目或室内环境整体更新项目，可使用任意规格的LED一体化照明器具。下文将借用深圳地铁蛇口线照明工程②，对比荧光灯，分析使用LED光源的节能效益。深圳地铁蛇口线的照

① 松下照明官网资料显示，EHF产品的主要特点是高效、节能，最高光效可达104 lm/W，是通过松下T8高频荧光灯配备松下智能电子镇流器驱动发光实现的，与普通配电感镇流器的T8荧光灯管相比，在同样照度条件下可节电30%。

② 龙潭. 深圳地铁蛇口线绿色照明设计[J]. 都市快轨交通，2012，25(3)：100-103.

明设计摒弃了一些过时的做法，在国内地铁空间中首次大规模采用了LED照明及智能控制技术，为地铁空间的绿色照明设计进行了一次大胆的改革和实验，从项目运行的情况看，达到了预期的效果。以科苑站为例，将采用105 lm/W的LED光源与采用T8三基色荧光灯光源的经济效益对比，内容见表4.2。在照明效果与照明条件近似的情况下比较两种照明方案的运行费用，可以发现，10年内，方案二的总费用比方案一节省了约36万元，费用节省率约为18%。换言之，采用LED照明，10年内的总费用应该与高端荧光灯是基本持平的。不过，经过近几年的发展，LED芯片加工和封装的技术水平有了较大提高，发光效率与使用寿命也有显著提升，同时价格也有了较大幅度的下降，可以说，当前的LED光源有了更高的性价比，已初步具备了取代荧光灯照明的基础和优势，假以时日，必能在地铁照明工程中全面取代荧光灯。

表4.2　深圳蛇口线科苑站照明光源节能比较

项目	方案一(T8荧光灯照明)	方案二(LED照明)
灯具数量(套)	272	234
照明器具功率(W)	76	65
灯具价格(元)	183 000	351 000
利用系数	0.9	0.8
光源使用寿命(h)	10 000	35 000
年电费(元)	172 104.82	126 630.92
10年电费总计(元)	1 721 048.20	1 266 309.20
光源更换费用(元)	10 536.00	35 167.86
总计(元)	2 009 584.20	1 652 477.06

资料来源：笔者根据龙潭学术论文资料绘制

同时，大功率LED也是一个值得关注的方向，从小功率走向大功率也是LED发展的一个趋势。相对于小功率LED，大功率LED的发光面积小，光通量大，光线也比较集中。相关研究表明，国内最高大功率LED的光效可达到170 lm/W，常用的大功率LED光效基本在120～150 lm/W。显然，大功率LED比小功率LED更节能，产生热能更少，光衰也更小。但面积小却发光亮度高的大功率LED存在可能带来严重眩光的问题。因此，进行科学的光学设计，并在灯具出光口设置优质的扩散面板材料是非常必要的，这样可以在防止眩光、提高照度均匀性的同时尽量减少对发光效率的影响。广州地铁 4 号线的官洲站就采用了这样的设计①，该站照明器具采用了 1 W 的大功率 LED 光源，扩散面板的全光透过率在 90%以上，灯具内侧表面采用了提高反射率的镀银反射膜。产品应用后，经过实测，与原有 T8 格栅荧光灯的照明方案相比，平均照度提高了约 36%，能耗降低了约 32%。尽管这只是大功率 LED 的一次尝试，产品推广还需经过系列工程的进一步应用、测试、评价及改进，但其潜在的社会与经济价值是巨大的，是地铁站照明光源选择应积极关注的一个新方向。

另外，随着控制技术的发展，照明控制的智能化甚至智慧化也逐步成为照明控制的主流，智能化控制一个很突出的功能就是可以实现对光源明暗的实时控制，这样不仅更节省能源，也能延长光源的使用寿命。在这方面，荧光灯并无优势，虽然能通过调光镇流器改变荧光灯的明暗，但这种调光方式会影响荧光灯的使用寿命。相反，LED 则具有微秒响应的可控性特征，能够适应任何功率调整，可以说，在调光方面，LED 比荧光灯有更加显著的节能优势，这也进一步奠定了 LED 在未来地铁车站空间照明工程中主流地位的基础。

4.3.3　基于规范、非均质的照度设计

1）基于照明规范的照度设计

照明设计是否绿色、节能，需要满足两个重要的评价指标，一个是照度，另一个是照明功率密度值（LPD，lighting power density），只有两个指标同时达到要求，才能称之为节能型的照明设计。对于地铁站照明，《城市轨道交通照明》（GB/T 16275—2008）中对照度和照明功率密度值有非常明确的要求，如站厅（地下）的照度是 200 Lx，LPD 的现行值是 12；站台（地下）的照度是 150 Lx，LPD 的现行值是 10。换言之，只有照度与标准偏差不超过 10%，LPD 低于现行值，这样的照明设计才能符合地铁车站空间的照明要求。笔者研究发现，基于现有照明器具的发光效率，如果仅采用一般照明方式，只

① 钟炯生，葛鹏，王洪. 大功率 LED 照明光学设计及在地铁照明的应用[J]. 中国照明电器，2013(8)：11-16.

要照度符合规范要求，照明功率密度值也一定会符合要求①。因此，对于一般照明，最关键的还是要控制好照度指标。从调研情况看，我国地铁站照明的照度问题非常突出，以46个均质照明的站厅层为例，发现与标准照度基本吻合的约占被调研总数的39%；另外有46%低于标准，其中约6%的站厅照度不足50 Lx，严重低于标准；其余15%高于标准，其中6%的站厅照度大于400 Lx，大大高于标准。照度低于标准，虽然节省电能，但影响工作人员与乘客的有效观察能力，易产生不安全问题，不是真正意义的节能；而高于标准过多，虽然有益于人的视觉观察，但性价比不高。因而，基于照明规范的照度控制对地铁站空间照明节能的意义重大，不仅如此，按规范设计照度也会防止同一空间出现不合理照度差的问题，具体建议如下。

笔者认为，首先，对于大型交通空间的照明设计，应该由专业的照明设计师介入，配合室内设计师完成室内环境整体设计方案。虽然照明一直是室内设计专业的核心要素，也被室内设计师认为是必然涉及的范畴，但现实情况是，能正确理解并设计照明的室内设计师并不多，通过感觉进行照明设计（基本不计算照度）是室内设计师最常用的方法，其结果必然带来照度的不确定性。因而，控制照度的前提是需要专业的照明设计人员介入（包括有照明设计能力的室内设计师），否则，照度控制难以具备基础条件。其次，要严格审查照明计算文件。照明计算的主要成果之一是能获得被计算场景的平均照度，只有平均照度符合规范要求，才能认为照明方案是可行的。但只审查最终计算结果是不严谨的，因为影响照度的因素很多，照明器型号、照明器的吊挂高度、空间模型尺寸与完整性、空间界面的反射率、维护系数等都会对最终的照度计算结果产生影响，所以，除审查计算结果是否符合规范外，还要审查上述影响要素是否与照明设计方案吻合，只有这样才能保证照度计算结果的正确性。最后，施工现场发生设计变更要重新计算照度。经验告诉我们，几乎没有一个项目是完全按照最初的设计构想完成的，特别是地铁站项目涉及专业种类较多，施工过程复杂，其间总会遇到这样或那样的问题，设计变更甚至多次变更的情形时有发生，由于价格问题或采购招标问题导致更换照明器具的事情也是常态。因此，只要影响照度的因素产生了变化，就有必要对新的方案再次进行照度计算，不然，很难保证最终的平均照度值符合规范要求。事实上，由于照明的照

① 赵忠超. 室内设计视角下办公空间的照明节能研究[D]. 南京：东南大学，2014.

度受多种因素影响，即使经过严格的计算，最终实测的照度也不可能完全与计算结果一致，但是，经过照度计算的照明方案，至少不会出现实测照度偏离设计规范过多的情形。

2）基于非均质照明设计理念的照度设计

上文提到，地铁站主要采用一般照明方式与分区一般照明方式，虽然这两种方式在光能利用上已经非常高效，但是，仍存在一些值得改进的问题。问题一：有些地铁线整条线路所有站点的照度过于一致，从照明上体现不出重点站与一般站的区别；问题二：采用一般照明方式的站点，灯具分布过于均匀，照明形式呆板，空间缺少有节奏的亮度变化。

出现第一个问题的主要原因是有些设计者没有从站点分级的角度考虑照明设计。本书在节约型设计原则部分已经提出了地铁站点分级的观点及方法，不同等级站点的设计标准应该存在差别，同样，照明设计也应如此，其实质就是照度分级。那么，照度分级是否与照明规范产生冲突呢？以地下站的站厅层为例，设计规范要求的照度是200 Lx，分级以后肯定有些站点高于规范数值，有些站点低于规范数值，这不是与设计规范不符合吗？笔者认为，设计规范照度值的确定主要权衡了人的视觉要求与照明节能两个要素，换言之，照度首先要满足人的视觉要求（不同视觉作业对照度的高低也有不同要求），此外，在满足视觉要求的基础上要尽可能节能。既然如此，只要照度分级在整体上不影响人的视觉需要，同时也不增加能耗，其实质就不会与规范相矛盾。进言之，还以站厅层的200 Lx为例，假如一般重点站的照度要求不变，依然保持200 Lx，将少量重点站的照度提高至250～300 Lx，同时将大量一般标准站的照度降低至150 Lx，其结果从线路整体能耗看，基本与调整前是持平的或略有降低。从视觉角度看，在200 Lx的基础上调低50 Lx，不会对人的视觉产生太大影响，而以200 Lx为基础提高照度是有利于视觉观察的。由此可以看出，照度的分级实质上不与规范相矛盾。至此，另一问题会自然引发出来，即照度分级是必要的吗？照度分级的目的并不是单纯为了呼应站点标准分级的策略，其主要原因是，重点站人流多、视觉信息复杂，在这样的环境中，无论从心理上还是从视觉需求上，乘客本能地希望照明环境能够更亮些；而一般站人流少、视觉信息易读性较好，即使照度低一些，也不会对乘客的心理及视觉观察力产生明显的影响。可见，依据站点标准分级，对不同等级站点的照度值进行调整，有利于照明能源更科学、合理地利用，而具体照度值的确定，还应以照明设计规范规定的数值为参照。

问题二出现的原因是有些设计者对地铁站照明的认识或理解过于简单，将地铁站照明简单地等同于工作照明,认为均匀照亮空间即可。其实,均匀照亮地铁站并不符合这类空间的实际需求,一方面,无论站厅还是站台,尽管空间是统一连续的,但统一的空间内部仍存在多种功能,如站厅层有售票、检票、上下楼梯电梯的要求,站台层有休息区与候车区之分,功能不同,对照度的要求也不同;另一方面,地铁站除顶部照明之外,一般还会有墙面或柱面的广告照明,特别是站厅层和通道,墙面广告位较多,广告灯箱照明会对近墙位置的照度产生较大影响。显然,地铁站不能简单地采用均质的一般照明,应在参照规范照度值的基础上,对局部照度进行调整,具体建议如下:(1) 对于规范中有明确照度要求的功能区,有些可直接按设计规范进行照明设计,如售票区、检票区,设计规范规定照度值为 300 Lx,此数值直接作为照度设计依据即可;有些则要灵活使用规范,如站台层,规范仅要求 150 Lx,但站台层又分为候车区和休息区,候车区靠近轨行区,对安全性要求较高,此区域提高照度有利于创造安全的环境,休息区的照度降低一些并不会对乘客造成太大影响,很明显,站台层采用分区一般照明更合适,在保证站台平均照度 150 Lx 的同时,适当提高候车区照度,降低休息区照度比较符合现实需求。(2) 对于规范中没有明确照度要求的功能区,要参考规范进行调整,如楼梯与扶梯位置、站厅出入口位置及电梯出入口位置,这些位置要么是不同功能空间的转换交界处,要么是不同楼层的转换交界处,无论从安全角度还是从视觉引导角度,这些位置都应该适当提高照度,当然,提高这些位置照度的同时,一般通行区的照度可以适当降低一些,这样最终的平均照度还是与规范一致的(这样会让照度均匀度降低,但交通空间没必要追求过高的照度均匀度)。(3) 对于有广告灯箱影响的区域,在计算平均照度时,应把灯箱的影响考虑进去,特别是有较多广告位的进站通道与换乘通道,往往不开启一般照明,仅靠广告照明,地面照度就能达到规范要求的照度值。站厅广告虽然不会对整个站厅的照度产生太大影响,但对靠近广告墙的区域还是有较大影响的,在这些区域内,应根据广告灯箱的影响大小,确定一般照明的照度值。

4.3.4 合理采用照明控制方式、实施动态照明

1) 照明控制方式分析

采用合理的照明控制方式,不仅能够最大限度地节约电能,而且也是实现艺术照明和舒适照明的主要手段,这一点在业界形成了广泛的共识。此处提及照明控制,也许有

人认为这脱离了设计专业的研究核心，毕竟对控制的研究历来是电气、控制或自动化等专业的核心研究领域。笔者想说明的是，本书并不是从控制技术角度探讨控制问题，而是从照明节能需求角度讨论如何采用更合理的照明控制方式，设计师无须理解照明控制的技术流程，但应该清楚不同控制方式的功能及优缺点，这样，才具备与相关专业人员合作完成节约型照明设计方案的能力。显然，对现有控制方式的了解必不可少。自从有电气照明以来，其控制方式也随之产生，主要经历了三个发展阶段，分别是以手动控制为主的传统控制阶段、以数字控制为基础的自动控制阶段及以自动控制技术、通信技术和计算机技术为基础的智能控制阶段。

手动控制是通过人直接操作的控制方式。生活中最常见的手动控制装置是翘板式开关，这种控制方式综合成本较低、施工过程简单且运行可靠，比较适合车站值班室、办公室、机房等小空间使用。对于车站公共空间，由于一个翘板不能控制太多灯具，只能通过多联开关控制，这样就会带来控制不灵活、布线比较复杂和易出故障等问题。此外，采用这种控制方式，主要是通过及时开关照明实现节能，做到人走灯灭，这就要求使用者具有较强的节能意识，特别是较好的关灯习惯。但是，相关研究表明，多数使用者习惯性开灯的频率往往大于其习惯性关灯的频率①。对于车站公共空间，如果采用这种控制方式会给车站管理人员带来较大的工作负担，不利于实现照明节能。

自动控制是不需要通过人的直接操控，利用外在设备或装置自动控制光源开关的控制方式，常见类型如下：(1) 定时型自动控制。这种控制方式可以根据预先编排好的时间表实现对灯具的定时控制。一般情况下，地铁站照明主要有四种运行模式，即正常模式、节能模式、停运模式和火灾模式。正常模式用于每天的客流高峰期(早高峰和晚高峰)和节假日，这种模式下照明要达到规范要求的照度；节能模式用于非客流高峰期，可以关闭部分灯具实现照明节能；停运模式用于车站停运时间，关闭正常工作照明，只保留应急照明；火灾模式用于车站或车站相邻区间发生火灾情况时，强制开启应急照明，关闭其他照明。可见，依据不同运行模式的时间要求，采用定时型控制方式能够做到按时开关灯具，实现照明节能。(2) 人体感应型控制。这种控制方式是通过传感器

---

① Bodna P, Sosnowchik F K. Sustainable commercial interiors[M]. New York: John Wiley & Sons, Inc, 2007: 84.

(如红外传感器、超声波传感器)探测人员活动状况,当人员的活动被探测到,与传感器绑定的光源会自动开启,而人员离开后,灯光又会以延时的方式关闭。对于使用频率不高或者无固定使用时间的房间,如车站盥洗间、仓储用房或部分人流较少的进站通道等就可采用人体感应型控制方式。(3) 探测日光型控制。前文提到,照明节能的最好方式是充分利用自然光。在地铁站将人工光与自然光有机结合,不但绿色节能,还有利于乘客及工作人员的身心健康,有些具备采光条件的车站,完全可以将自然光引入地下。对于有自然光的车站,就可以采用探测日光型控制方式,通过对自然采光和人工照明的联合控制,将两种照明方式完美结合起来。具体做法是:依据车站公共空间对照明的照度要求,设定一个照度标准值,当照度传感器探测到车站照度低于标准值时,与传感器绑定的灯具会自动打开;当车站自然光照度高于标准照度时,灯具会自动关闭;照度过高时,还可以实现对遮光帘的自动控制,保证车站采光的舒适性,这样,车站照度会一直保持在一个合理的区间范围内①。同理,在车站能够获取自然光的进出站口,也可以通过照度传感器,实现对灯具的自动控制。上述三种自动控制方式,可以单独使用,也可以结合在一起使用,不管使用一种方式还是三种一起使用,在回路模块和基本布线方面均不需要重复投资,因而三种控制方式同时使用会有更好的节能效果、更短的投资回收期②。

智能控制系统是计算机技术、网络技术与自动控制技术的整合。智能照明控制系统由硬件和软件两部分构成③:硬件分为输入单元、输出单元及系统单元三部分;软件包括编程软件、监控软件、时空软件等,硬件通过总线系统与网络相连接,通过软件也可以实现远程操控。将智能照明控制系统用于车站,不仅能够实现对照明的定时控制、集中控制,还可以实现调光控制、多场景控制等,甚至能够与消防、空调系统联动,与自动控制相比,智能控制更加灵活多样,照明节能效果更好。

综上所述,三种控制方式都有各自的适用范围,就目前国内情况而言,车站公共空间照明主要采用自动化控制技术,智能控制技术正处于推广应用阶段。不过,随着智能控制系统逐步完善、成熟,其必定成为未来地铁站照明控制的主要方式。下文对比

---

① 俞丽华. 电气照明[M]. 上海:同济大学出版社, 2011: 125.

② 解辉,蔡波,杜彬彬,等. 办公照明工程设计指南[M]. 北京:人民邮电出版社, 2011: 323.

③ 孙德新. 办公大楼智能照明控制应用探讨[J]. 河南科技,2013(2):117.

BUS 自动控制技术，进一步分析采用智能控制技术的优点。

2）智能控制技术的优点①

与传统自动控制技术相比，智能控制系统优势较多，下面主要从控制方式、控制类型及安全性三个方面讨论智能控制的优点。

（1）多模式控制。智能控制系统利用定时装置与定时器、传感器等联动，通过对灯具地址码的设定，可以实现对照明系统的多模式控制。该系统具有多点操控功能，能够在控制室或配电箱等一个点位对多达 256 个照明回路进行监控，并能随时检查不需要的开灯现象，节约照明能耗。BUS 系统对回路的控制具有一定局限性，群组控制只能依靠对区域照明回路分配实现，回路越多，串联接触点就越多，电箱体积就越大，设计与布线就越复杂，造价也会越高。而且所有回路只能通过 BUS 在控制室集中控制，无法在现场控制开关，人性化不足。

（2）控制类型多样、灵活。BUS 系统能够实现定时控制和照度控制，而智能控制系统的控制类型更丰富。其一可以实现调光控制，节省能源，延长光源使用寿命。调光控制一方面可以与照度控制结合，根据照度的要求调解灯光的光通量；另一方面还可以与时间控制结合，调节灯光光通量，能够做到实时控制，而非 BUS 的非关即开。同时，调光控制不会影响照明的照度均匀性，BUS 系统则难以做到。其二是可以设置十余种照明场景模式，如可针对不同的节日设计不同的照明场景，烘托节日气氛，增加空间环境的趣味性和吸引力。

（3）安全性高。智能控制系统的控制面板采用安全电压，系统布线强弱电是分开的；而 BUS 系统采用的是 220 V 电压，存在安全隐患。

智能控制系统除上述三个比较明显的优势外，还具有易维护、拓展性强、抗干扰性能好等优点，其高效控制与高效节能的优越性会在地铁站照明节能上发挥巨大的作用。

4.4　本章小结

基于我国地铁车站的现状与问题，以“3R”设计、“全寿命周期”设计理念为指导，结

① 王月华. 城市轨道交通智能照明系统设计[J]. 城市轨道交通研究，2012(8)：108-111.

合团队实践经验，本章首先探讨了地铁车站空间的节约型设计基本原则，然后从界面设计和照明设计两方面深入研究了节约型设计的具体策略，主要成果如下：

节约型设计原则

（1）"一线一景"设计原则。在对比"一站一景"和"一线一景"基本设计理念的基础上，从文化性和可辨识性两方面讨论了车站设计采用"一线一景"设计原则的必要性，并总结了提炼"一线一景"设计主题的 3 种方法。

（2）标准分级设计原则。依据相关研究理论，基于室内设计的视角，提出了地铁车站分级的方法与标准，探讨了"车站标准分级"设计原则与"一线一景"设计原则相结合的必要性。

（3）整体性设计原则。面对行业分工细化所产生的问题，提出以整体性的思维方式和设计方法应对，在分析整体性设计内涵的基础上，从建筑主体设计与室内设计关系和相关专业设计与室内设计关系两方面探讨了车站空间设计基于整体性原则的操作方法。

（4）适宜性设计原则。适宜性设计是对"度"的准确把握，需要客观的评价标准。在分析相关标准的基础上，引入了"实用、形式、意义"适宜性设计三原则，并结合对地铁车站功能的分析，提出了车站设计应以"实用"为主、"形式与意义"为辅的适宜性设计基本原则。

界面的节约型设计策略

（1）装饰体系的标准化、模块化设计策略。在介绍标准化、模块化基本概念的基础上，基于节约的视角，从设计、采购、建造、更换、回收 5 个环节比较了标准化、模块化设计相对于传统设计的优势，并探讨了适于当前现状的地铁车站空间的标准化、模块化设计流程及操作方法。

（2）装饰界面选材的综合比较设计策略。从耐久性、耐磨性、防火性、防潮性、经济性等几个方面讨论了地铁车站对材料特性的基本要求。基于这些特性，对比了地铁车站常用装饰材料的优缺点，进而提出了按站点选材和按部位选材两种节约型设计选材策略。

（3）展示建筑形态美的设计策略。从材质、形式、意蕴三个方面分析了形态的概念，并提出建筑形态美包括结构形态美与材质形态美，它们优于装饰之美。结合国内外设计实例，探讨了两种展示建筑形态美的方法，即以建筑形态为展示主体和以建筑形态为展示背景。

（4）体现管线技术美的设计策略。蓬皮杜艺术中心的设计启示我们，将车站的管线与设备合理整合，有序排列，管线、设备本身的秩序之美和技术之美就能呈现出来。结合设计实例，以展示管线为主旨，探讨了与之适应的无吊顶模式和极简吊顶模式的设计方法与基本要求。

（5）顶面被动优化设计策略。针对常规吊顶模式，从 3 个方面提出了优化设计方法：一是通过整合管线、设备，提升车站空间净高度；二是通过局部无吊顶设计，避免顶面开孔，解决设备终端悬挂；三是采用可开启式吊顶，方便设备检修、维护。

照明的节约型设计策略

（1）充分利用自然光的设计策略。在介绍巴黎地铁 14 号线采光设计的基础上，探讨了站厅、站台与车站出入口引入自然光的途径与方法；从主动采光的角度，讨论了将导光管应用于车站照明的前景及可行性，并分析了车站引入光导系统存在的困难及应对措施。

（2）优选照明光源的设计策略。在比较地铁车站 3 种常用光源（荧光灯、金卤灯和 LED）基本性能及优缺点的基础上，从光效和使用寿命方面重点分析了不同型号荧光灯在节约性能上存在的差异，并从经济效益、使用寿命、技术革新和智能调光 4 个方面探讨了 LED 在地铁车站应用的优势及前景。

（3）规范、非均质的照度设计策略。面对我国地铁车站照度设计混乱的现状，在阐述照度对照明节能意义的基础上，强调了《城市轨道交通照明》（GB/T 16275—2008）标准的重要性，并从专业人员介入、照度文件审查及项目变更照度重新计算 3 个方面提出了规范照度设计的主要措施；在分析公共空间均质照度存在不足的基础上，提出了灵活使用照明规范，按车站等级及车站具体功能设计相应照度的非均质照明设计策略，同时将广告照明纳入照度设计。

（4）合理采用照明控制方式、实施动态照明的设计策略。在介绍手动控制、自动控制和智能控制 3 种控制方式优缺点的基础上，分析了不同控制方式在地铁车站空间的适用范围，进而阐述了实施分时段动态照明对照明节能的重要意义，并对比自动照明控制技术，探讨了智能控制在人性化、安全性、智能调光及场景照明方面的综合优势，特别是智能调光方面，将智能控制技术与 LED 光源相结合，可实现对光源明暗的实时控制，能最大限度地节省能源。

第五章

地铁车站空间的节约型设计实践

在地铁车站空间节约型设计理论的指导下，本章以南京地铁2号线为实例，阐述节约型设计策略与方法在实践中的应用。南京地铁2号线一期工程车站公共空间的概念设计及部分深化设计，是笔者以主创设计师的角色负责完成的。设计前期，笔者及团队成员从理论层面对节约型设计的具体策略与思路进行过深入思考与反复讨论，设计过程中，从实践层面对节约型设计策略应用于工程的具体构思进行过多方案比较，设计成果具有可操作性。换言之，该项目也是对节约型设计策略应用成效的一次实际检验，有助于节约型设计理论的修正与完善。

5.1 南京地铁2号线概况

南京简称“宁”，是经济文化大省江苏省的省会，位于中国东部长江下游地区。南京是中国的四大古都之一，有“六朝古都”“十朝都会”之称，在历史上有较长时间是我国南方地区的政治与文化中心，历史遗存丰富、文化底蕴深厚。近些年，南京在经济上虽然一直落后于苏南的部分城市，但在政治文化方面仍在长三角地区保持着重要的影响力。

南京市常住人口总量800多万，是我国特大城市之一。然而，南京的公共交通并不发达，与北京、上海等大城市相比，南京的公共交通出行率较低，平均出行时间较长，主要原因在于缺少快速、高效的城市轨道交通[①]。另外，老城区人口密度大，交通拥挤状况严重。为了降低老城区的人口密度，缓解城市交通压力，南京重点打造了江宁、河西、

① 黄勇．现在未来的年轻人拿什么引以为豪[N]．江南时报，2011-9-20(04)．

浦口、栖霞等几个新区，希望部分人口能迁居到新区。在公共交通方面，新老城区之间的联系主要依靠公交车，轨道交通数量仍然偏少①，没有形成快速交通网络，交通的不便在一定程度上制约了老城区市民迁居新区的想法。因此，大力发展城市轨道交通，是解决南京当前和今后交通困局的一个重要手段。

在南京地铁的远景规划中，未来计划建设 22 条地铁线②，地铁 2 号线是南京地铁公司建成运营的第二条地铁线，于 2010 年正式运营。此处所指的 2 号线仅为一期工程，不包括 2 号线延长线。2 号线一期工程东起紫金山麓的马群站，西止河西新区的油坊桥站，与南北运行的南京地铁 1 号线在新街口商业区形成十字交汇，从东至西分别穿越了风景秀丽的钟山风景区、历史底蕴深厚的民国文化区、商业气息浓厚的新街口商业区和现代时尚的河西新区四大片区。全线共设站点 19 座，从东至西分别是马群站、钟灵街站、孝陵卫站、小卫街站、苜蓿园站、明故宫站、逸仙桥站、大行宫站、新街口站、上海路站、汉中门站、莫愁湖站、茶亭站、集庆门大街站、所街站、向兴路站、元通站、中和村站和汪家村站③。其中地下站 17 座，地面站(汪家村站)、高架站(马群站)各 1 座。另外，全线共有换乘站 6 座(分别是与 1 号线换乘的元通站、与 6 号线换乘的集庆门大街站、与 5 号线换乘的上海路站、与 1 号线换乘的新街口站、与 3 号线换乘的大行宫站、与 6 号线换乘的明故宫站)，特色站 3 座(建筑上采用了采光中庭的所街站、莫愁湖站和苜蓿园站)。基于站点重要性和特殊性，设计上将新街口站确定为重点站，元通站、大明宫站、明故宫站和马群站确定为一般重点站，其余为标准站。

5.2　南京地铁 2 号线设计定位

2006 年下半年，南京地铁公司发布了地铁 2 号线装饰设计工程的招标公告，对 2 号线公共空间进行概念设计招标。笔者所在的设计事务所与南京建发装饰公司合作

---

① 截止到 2014 年底，南京新老城区之间运行的地铁线路有：连接江宁区和河西区的 1 号线、连接栖霞区和河西区的 2 号线、连接浦口区的 10 号线。除河西区外，其他 3 个区仅有 1 条地铁线，现有地铁无法将新老城区从通行上紧密联系在一起。

② 仇惠栋. 明年南京地铁将有 8 条线同建，未来 22 条地铁线站点初定[N]. 扬子晚报，2012-12-4(04).

③ 南京地铁 2 号线正式运行后部分站点名称有变化。

(设计事务所负责设计,建发装饰公司负责施工),以建发装饰公司的资质进行了投标。2006年底,投标成功,获得了地铁2号线装饰顾问的资格;2007年,地铁站的深化设计全面展开。该项目设计分两个阶段,分别是中标前的概念设计阶段和中标后的深化设计阶段,笔者作为该工程的主创设计师,负责了概念设计的整个过程和深化设计的前期工作,未参与施工图设计。因而,本章节论述的内容主要以2号线装饰工程的概念设计和深化设计的前期工作为主。

设计之初,建设方提出了一个重要的前提条件。因2号线建设资金压力较大,且地铁运营成本较高,设计过程中一定要重点考虑地铁建设和运营的投入产出比,尽量节约工程造价和运营成本,减轻地铁公司的财务负担。众所周知,地铁建设耗费资金非常大,特别是前期地下结构工程的投入,往往会超出预算很多,结果是后期装修阶段难有资金投入。除非是国家支持的重点项目,一般地铁工程在后期装饰阶段都会面临较大的资金压力。

图 5-1 南京地铁1号线南京南站站

资料来源:笔者自拍

带着上述要求,笔者与设计团队现场考察了已经运行的南京地铁1号线、上海地铁4号线、广州地铁2号线和14号线以及香港的部分地铁线,并翻阅了新加坡、巴黎和伦敦等城市新建地铁的相关资料。各地铁站优缺点总结如下:(1)南京地铁1号线。地铁1号线是南京开通的首条城市轨道交通线,1号线将南京的城市风貌和风土人情通过色彩设计和公共艺术设计巧妙地融入车站空间环境中;全线采用标准化、模块化的界面设计手法,有利于提升施工速度、节约人力物力。不足之处是管线设备组织比较凌乱,墙体上的灯箱等设施与装修材料的模数不协调,照明过于均匀(图5-1)。(2)上海地铁4号线。上海地铁4号线是环形线路,笔者并未全线考察,主要调研了浦东区的几个站点。4号线最突出的一个特点是色彩比较单纯,整体上以白色为主。另外,界面材料标准化程度高,照明主次分明。不足之处是采用全装修模式,对材料的节约使用不够重视;各站设计过于统一,个性化不足。(3)广州地铁2号线。广州地铁2号线的装修设计理念是“一站一景”,每个站点的色彩、造型等都各有特色，比较个性化，但整条线路的可辨识性较低，个性化的设计不利于节约建设和维护成本。(4) 广州地铁 14 号线。笔者调研时，14 号线正处于建设收尾期，它代表着我国地铁建设的新方向，整条线路设计模式统一，标准化程度高，大胆引入烤漆玻璃作为墙柱面装修材料，保持各个站点共性的同时通过色彩、材质、局部造型和公共艺术的变化体现每个站点的个性。总体而言，14 号线的设计理念较为先进，不足之处是材料选用较为昂贵(主要是花岗岩、铝材、烤漆玻璃等)；依然采用全装修模式(图5-2)。(5) 香港地铁线。香港地铁是世界上少数能够盈利的地铁线，早期运行的地铁线整体设计朴实无华，设计理念强调功能性和实用性，装修材料主要以马赛克、水磨石和铝管为主，管线设备集成程度高、秩序性好，部分顶面仅使用喷涂材料装修，建设投入少，易于维护(图5-3)。(6) 新加坡地铁。新加坡地铁设计格调轻盈，形式感强，强调公共艺术的融入，车站空间环境设计大气整洁。不足之处是采用全装修模式，建设维护成本偏高。(7) 巴黎地铁 14 号线。该线路最大的亮点是将自然光和绿化引入地下空间，使单调的地下交通空间变得生机盎然、情趣十足。自然光和绿化的引入，可以节约照明能耗，改善室内空气质量，值得国内地铁车站设计借鉴(图 5-4)。(8) 伦敦地铁朱比利延长线。朱比利延长线共 11 个站点，每个站点均为独立设计，但相互之间有内在理念和设计元素进行联系。朱比利线的每个站点设计都个性十足，富有创意，有些站点在节约型设计方面也有较多思考(如前文提到的加那利码头站)。但这种“一站一景”的设计模式不利于车站的节约型建设和维护。

图 5-2　广州地铁 14 号线车站内景

资料来源：笔者自拍

图 5-3　香港地铁太子站

资料来源：笔者自拍

图 5-4　巴黎地铁 14 号线内景

资料来源:杨子葆《世界经典城铁建筑》

通过现场考察和资料分析,笔者与设计团队认为,国内近些年建设、运营的地铁站过于注重视觉效果,对公共空间界面与照明的节约设计不够重视,存在着一线多景、过度设计、均质设计、本土性缺失等问题。尽管中国香港地区与国外地铁站也各自存在一些问题,但它们的一些优点值得我们借鉴,最突出的特点是:其设计在满足功能的基础上,多采用统一、简洁、适宜、突出本土性和交通建筑特质的装饰设计手法,有效减少了建设投入并降低了运营成本。基于此,南京地铁 2 号线一期工程地铁车站公共空间的设计定位如下:(1) 延续南京地铁 1 号线的设计理念。南京地铁 1 号线沿线站点被分解到多家设计公司分别完成,尽管因各公司设计手法不完全统一,一定程度上提高了工程造价,但全线采用的标准化、模块化的设计手法成效较好,值得 2 号线学习。另外,标准化与模块化也是国内其他城市和国外地铁站设计都采用的设计手法,可以说在世界范围内有广泛的共识。2 号线在延续以往优秀案例的基础上,应重点探索标准化与模块化的优化设计问题。(2) 全线采用"一线一景"设计策略。在延续 1 号线设计理念的基础上,2 号线在材料选用、设计模式等方面强调统一性和可辨识性,并适度反映站点区域的城市风貌。在同一设计主题下,重点站单独设计,标准站统一设计,为防止标准站设计风格过于统一,出现单调感、辨识度低等问题,允许每个标准站进行适度的个性化调整。(3) 整体化设计。地铁车站各专业种类较多,且均与装饰设计发生关联,积极处理装饰界面与各专业之间的关系,充分利用原有建筑空间,在整体化的高度下协调完成最终设计,可有效降低工程造价和减少维护费用。上述设计定位以倡导节约为主,同时也涉及地域文化性、可辨识性等内容,因本书主旨是探讨节约型设计问题,故其他相关专题不在此讨论范围内。

5.3　南京地铁 2 号线设计构思

如绪论部分所言，学界对建筑的节约型设计已有比较明确的定义，具体到室内环境，主要指空间的节约型设计、用水的节约型设计、装饰材料的节约型设计和照明用电的节约型设计。对于地铁站而言，空间和用水的节约主要在土建设计阶段解决，而装饰材料和照明用电的节约与室内设计的关联较大。下面将从装饰界面设计和照明设计两个方面探讨南京地铁 2 号线标准站①公共空间的节约型设计构思。

5.3.1　界面设计

一般情况下，界面包括地面、顶面和墙柱面 3 大部分。与南京地铁 1 号线及国内其他地铁站相比，本案未在地面设计方面做过多改变，其主要变化在顶面和墙柱面设计方面，二者具体构思如下。

顶面设计

(1) 材料选择与应用。鉴于地铁站内空气湿度大、顶部设备需经常维护等原因，一般建筑常用的石膏板、矿棉板等吊顶材料在此并不适用。当时，主要有两种吊顶材料可以选择，一种是烤漆钢板，另一种是铝合金板。烤漆钢板平整度好、硬度大，价格略低于铝合金板。但考虑到地下环境潮湿，钢板有可能被锈蚀，最终选择了铝合金板。铝合金材料有质地轻、强度高、易于施工、构造方式灵活、可回收利用等优点，比较适合用于地下交通空间。另外，铝制吊顶材料的形式较多，有铝板、铝管、铝挂片等。本着合理使用、节约使用装饰材料的原则，该案依据应用部位的具体情况，对顶部设备较多且管线不够整洁、须进行遮挡的位置使用铝板；对遮挡要求不高的位置使用铝管或铝挂片；对原建筑顶部形态较好的部位使用少量吊顶材料或不吊顶。此外，对于有设备检修要求的吊顶部位，

---

① 无论标准站还是重点站，其基本设计定位和构思是一致的，重点站的特点是在标准站设计模式的基础上进行适度的个性化设计。本书主要研究节约型设计实践的基本问题，故以标准站作为研究载体更具代表意义。

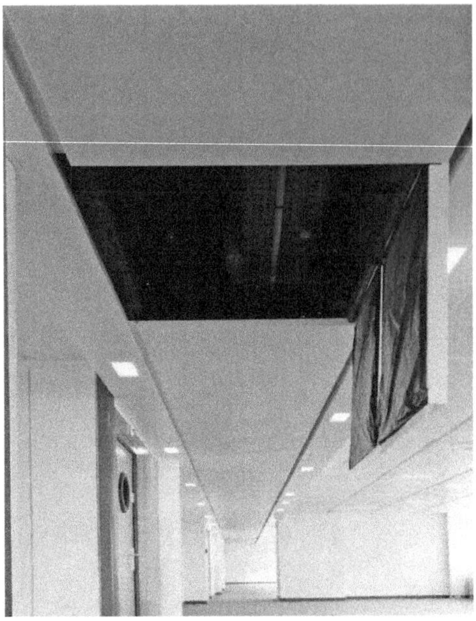

图 5-5　门式铝板吊顶

资料来源:马亮提供

建议选用门式吊顶(图 5-5),采用这种构造方式,一方面方便后期的设备维护,另一方面可以防止因维修拆卸吊顶材料导致铝板变形影响美观的问题发生。

(2) 模数设计。此处提及的模数主要针对铝板吊顶,即单块铝板的长度与宽度。2 号线站厅层纵向墙柱之间的顶部,设备管线较多,主要使用铝板吊顶(图 5-6),铝板宽度为 800 mm,长度在 2 800～3 200 mm 之间调整。原因在于:第一,铝板宽度的确定主要与灯具的间距有关①,由于灯具间距为 3 200 mm,因此灯具之间的铝板分为 4 块比较合适,每块板宽为 800 mm;第二,板长主要与建筑跨距和吊顶形式有关,由于每个站点的建筑跨距不同,故采用相同吊顶模式的情况下,在 2 800～3 200 mm 之间调整板长可满足所有标准站的实际使用要求。对于条形铝板,铝板宽度既有标准规格也有非标准规格,但无论哪种规格,铝板排列都应与顶面的主要设备相协调。

(3) 免开口设计。前文已经说明,地铁站顶部设备较多,设备终端都与吊顶面板发生关联,对于铝板吊顶,需要在面板上为设备终端挂杆预留开口。由于设备终端的位置不易精确定位,所以面板上的预留开口多改为现场人工切割,时常导致开口大小与设备挂杆不吻合,既不美观也浪费人工。为了解决开口预留问题,铝板吊顶设计引入了免开口设计理念。前提是先协调各专业公司将需要吊挂的设备全部集中在墙柱间的中间位

① 除灯具外,空调风口也是影响吊顶模数的重要因素,在本案例中,站厅层空调采用侧送底回的空气循环方式,只有回风口会影响吊顶模数。为了进一步消除回风口对顶面设计的约束,设计中将顶面与墙面之间 400 mm 的位置留空,这样,回风口便可设置在沿墙位置吊顶的上部,既不影响回风也不影响顶面设计。

图 5-6　南京地铁 2 号线标准站站厅层效果图

资料来源:笔者设计、水晶石绘制

置,然后,在设计顶面时,此位置只挂龙骨,不封铝板(图 5-6),这样既丰富了铝板吊顶的虚实美感,又解决了铝板预留开口费时费力又不美观的问题。另外,根据需要,局部可以采用负重龙骨,这样,有些设施可以直接挂在龙骨上,不需要再从顶面安装吊挂件(图 5-7)。

图 5-7　负重龙骨示意图

资料来源:笔者自拍

（4）设备集成。装饰设计介入之初，笔者与设计团队就提出了设备集成的概念，要求各设备专业的管线尽量集中在车站空间的两侧，不要平均分布在顶部。标准站主要有单柱空间和双柱空间(图 5-8)，从图中可以看出，通过有序的组织，设备管线有足够的空间可以安装在站厅和站台层的两侧。这样，站台和站厅层的中间位置不仅可以进一步提升吊顶高度，而且由于没有设备，原建筑顶面会比较整洁，中间位置可以减少吊顶材料的使用或不进行吊顶直接喷涂防潮性能好的涂料，节省装饰材料。如孝陵卫站的站台层，两侧候车区采用铝单板吊顶，而中间区域仅使用铝龙骨框架作为吊顶，节省材料的同时也不失形式美感(图 5-9)。

墙柱面设计

（1）材料选择与应用。地铁车站墙柱面材料的选择余地较大，如搪瓷钢板、烤漆玻璃、铝单板、陶铝板、大理石、花岗岩、墙砖、马赛克等材料都可以使用，考虑到经济性与实用性，本案墙柱面主要选择了搪瓷钢板、陶铝板和墙砖 3 种环保无污染的人造材料(大理石和花岗岩属于自然的不可再生材料)。搪瓷钢板硬度大、抗撞击能力强，但价格较高，主要使用在柱体与站台层人流较多的墙面上；陶铝板视觉效果好、价格适中，主要用在站厅层人流视线较易触及的墙面上；站厅、站台的其余墙面使用价格略低的墙砖。以明故宫站的墙面设计为例(图 5-10)，平面图中斜线填充区域的墙体挂贴墙砖，其他区域采用陶铝板，主要原因是：① 其余墙体大多属于付费区，人流密度低于非付费区，相对于非付费区墙面，这些墙体的视觉完整度较高；② 无论进站客流还是出站客流，从闸机口进入付费区时或从站台层乘坐电梯进入站厅层出站时，都会有短暂时间正对这些的墙体，其位置的重要性不言而喻。

（2）模数设计。影响墙面模数设计的因素除建筑墙体尺寸外，最主要的是安装在墙体上的各种设施，主要有广告灯箱、检修门、消防栓等，如果墙体装饰材料的模数与上述设施的尺寸不协调，既影响美观又会增加施工难度，而实际情况是，这种不可取的做法在我国地铁站比比皆是。笔者与设计团队分析墙体和相关设施的尺寸后认为，宽度上，面层材料的模数取 1 000 mm 比较合适；高度上，瓷砖取 600 mm，陶铝板分上下两块，分别取 900 mm 和 2 100 mm 较好(图 5-11)。原因在于：第一，宽度上，除广告灯箱外，其他墙体设施基本在 900～1 000 mm，而广告灯箱的宽度也大约在 3 000 mm，将面

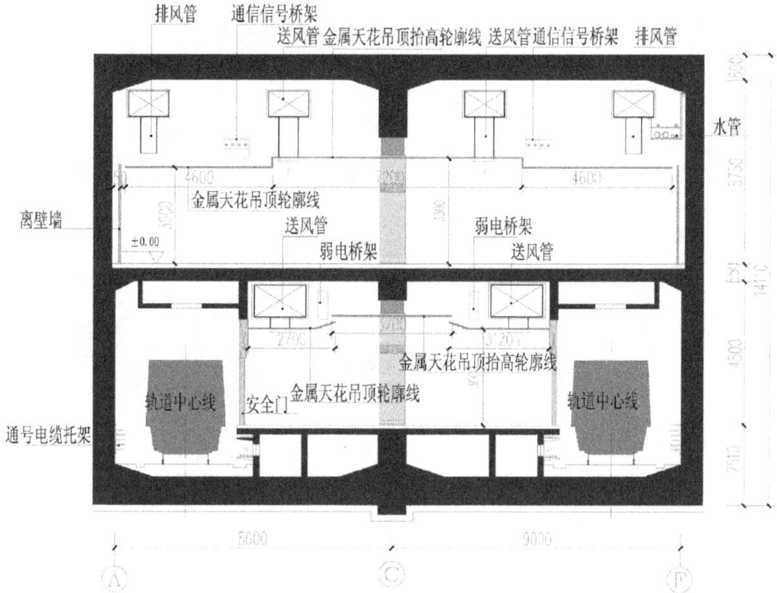

(a) 单柱空间剖面图

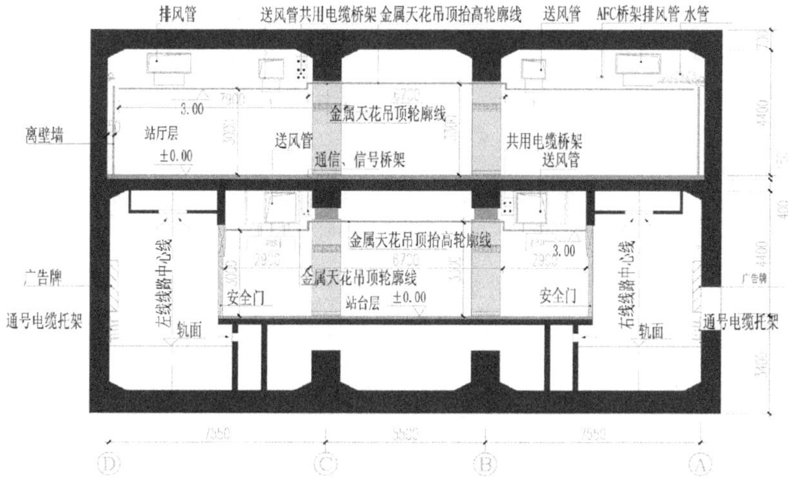

(b) 双柱空间剖面图

图 5-8　标准站空间剖面图

资料来源：马亮提供

图 5-9　南京地铁 2 号线孝陵卫站效果图

资料来源:笔者设计、水晶石绘制

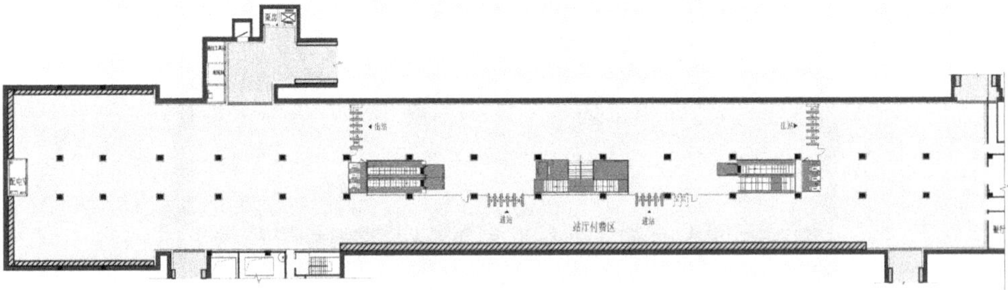

图 5-10　南京地铁 2 号线明故宫站站厅层墙面选材示意图

资料来源:笔者设计、马亮绘制

层材料的宽度确定为 1 000 mm 能较好地协调与各种设施之间的关系,当然,相关设施出厂前也要依据 1 000 mm 的模数调整自身的尺寸;第二,高度上,完成吊顶和地面装饰后,墙体净高只有 3 150 mm,为了防止单块材料过高,以门高 2 250 mm 为基准,将墙体装饰面分为上下两部分,去掉 150 mm 的踢脚后,陶铝板上下两块分别为 900 mm 和 2 100 mm;瓷砖分 5 块,单块为 600 mm。对于柱面,高度的模数与墙面相同,宽度则由柱体尺寸确定。

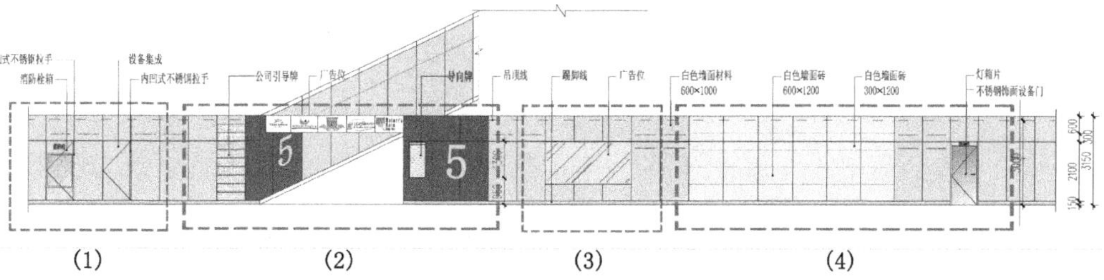

图 5-11　南京地铁 2 号线标准站站厅层墙面模数分析图

资料来源：笔者设计、马亮绘制

5.3.2　照明设计

照明设计具有高度的专业性，应由专业的公司完成设计，或由专业公司配合室内设计公司完成照明方案。但是，我国高校至今仍未有照明设计专业的配置，照明设计工程也基本是由相关设计人员完成。室内设计师一直认为室内照明设计是其应该完成的内容，照明的效果也决定着室内设计项目的成败，因此，从现阶段看，大多数项目的室内照明设计由室内设计师完成依然是主流。

作为交通建筑，地铁站照明设计不仅要体现艺术性，对如何降低照明能耗也变得越来越重要。地铁站大多处于地下，车站照明主要使用人工光，另外，地铁日运营时间也比较长(南京地铁每天的运营时间约 17 个小时)，这些因素造成照明耗能在地铁站的耗能构成中所占比重较大。为了减少能耗，除使用先进的节能灯具外，通过照度控制和改变照明方式等手段也能有效地节约电能。本案例主要从以下四个方面探索了节约型照明设计。

1）照度分级

照度是衡量照明亮度的一个重要指标，也是照明节能设计的两个关键指标之一(另一指标是照明功率密度值)。同样的空间环境下，照度越高，空间环境越亮，所消耗的电能也越多，因而，合理的照度分布是减少照明能耗的基础。当前，我国的地铁车站照明在照度上存在两个问题：第一是照度设计比较随意。由于我国轨道交通照明的新老标准颁布实施时间间隔较长[①]，导致地铁站照明的照度设计比较混乱，有的车站平均照度较低，如北京地铁10号线的海淀黄庄站站台层照度约60 Lx；而有的车站平均照度偏高，如上海地铁8号线的中华艺术宫站站台层照度约440 Lx。节约型照明的要求是照度既要满足人的使用需求，同时又不能出现照度过高导致能源浪费的现象，因此，合理照度值的确定比较关键。第二是全线站点照度值缺少变化。地铁线不同站点的人流量和重要程度各不相同，其照明的照度值应有差异，但笔者发现有些地铁线全线站点的平均照度过于统一，不利于照明节能。基于上述问题，南京地铁2号线的全线照度采用照度分级策略，即依据人流量和站点的重要性确定照度等级。对于照度标准，鉴于当时新标准尚未出台，参考相关照明规范及学者的研究成果，结合调研结论，笔者认为，150～300 Lx的照度比较符合地铁站照明的使用需求。就南京地铁2号线的具体情况而言，照度可分为3级，分别是300 Lx、200 Lx和150 Lx，重点换乘站300 Lx（仅指新街口站），一般重点站和换乘站200 Lx，其余标准站150 Lx，通过照度分级，不同等级的地铁站拉开了照度差，有效节约了能源。

2）动态照明

照度分级策略可以从空间上使全线站点的照度分布更加合理。从时间维度看，同一地铁站不同时间段对照度的要求也有差异，如节假日和每天上下班的高峰期，人流量较大，对照度要求高；而工作日的非上下班时间，人流量较少，对照度要求有所降低。因此，采用动态照明策略分时段调整灯光的照度可以进一步节约照明能耗。对于交通类建筑，在非重要时间段，只要照度不低于100 Lx，就能达到使用需求。因而，南京地铁2号线全线站点均采用动态照明，依据时段调整人工光的照度，结合照度分级的建议值，在非重要时间段，重点换乘站可降低照度150 Lx，一般重点站可降低照度100 Lx，其余标准站可降低照度50 Lx。通过动态控制，照明节能效果可以得到进一步优化。

---

① 老标准颁布时间是1996年，新标准颁布时间是2008年12月。进入21世纪，我国城市开始大量建设地铁，由于1996年颁布的标准是依据当时的经济发展水平制定的，很多指标已无法适应新时代的要求，而新标准迟迟没有出台，使得地铁站照明的照度设计一度出现混乱局面。

3）非均质照明

就照明方式而言，多数地铁站为均质照明，这种照明方式的优点是能够均匀照亮建筑空间的每个位置，缺点是光环境过于呆板，在没有照度均匀度要求的空间易产生无价值耗能。对于工作、学习类空间，主要采用均质照明的方式，因为工作和学习对照明的均匀度有较高的要求。然而，在交通建筑中，人的主要活动是通行，照明能够满足人流的安全通行即可，对均匀度的要求并不严格，另外，为提高交通建筑通行的安全性和易辨识性，交通空间节点位置对照度的要求要高于其他区域。显然，均质照明方式并不适合地铁站照明，这种照明方式既不符合使用功能要求，也不节约能源，形成的光环境也缺少美感。因此，南京地铁 2 号线所有站点均采用非均质照明方式，在平均照度达到建议值的基础上，根据使用功能的要求，调整灯具的疏密间距，即重要节点位置减小灯具的间距，一般位置则适当增加间距，进一步使照度分布合理化。

地下空间站厅层，一般与进站通道同层，在照度设计上：首先，进站通道和站厅的平均照度应有差别，站厅的照度要高于通道；其次，站厅的扶梯位置较为重要，是站厅进入站台的转换空间，对安全性要求较高，其照度要高于站厅其他区域；再次，通道进站口是室外进入室内的过渡空间，入口位置的照度也要高于一般通行区域（图 5-12）。进一步以 2 号线标准站的站厅层为例（图 5-13），图中浅灰色区域分别是站厅层的自动售票处、闸机口及楼梯电梯口，相比深灰色区域，这些区域易产生人流的短暂滞留，对灯光照度的要求比一般通行区域要高，以非均质照明方式提高浅灰色区域照度并适度降低其他区域照度既实用又节能。站台层主要由两大区域构成，分别是带形候车区与休息等候区，带形候车区的照度要高于休息等候区。以岛式站台为例（图 5-14），图中两侧条带形浅灰色区域为候车区，其照度要高于其他区域；楼梯、电梯口处（椭圆形区域），为了乘客安全，也应局部提高照度。另外，有些位置需要进一步降低照度。如站厅层的纵向墙面一般会有广告灯箱，鉴于灯箱的照度足以满足沿墙区域的使用要求，因而 2 号线站厅层近广告墙的顶面不再设置任何照明器具（图 5-15）。

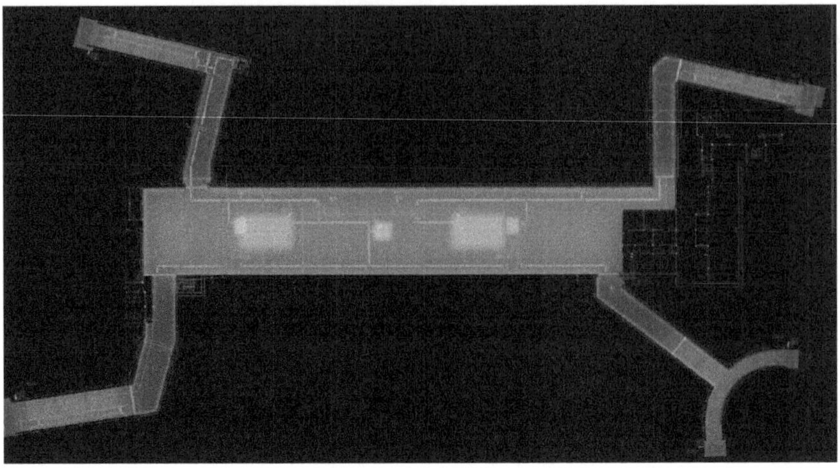

图 5-12　南京地铁 2 号线标准站站厅层照度规划图

资料来源：马亮提供

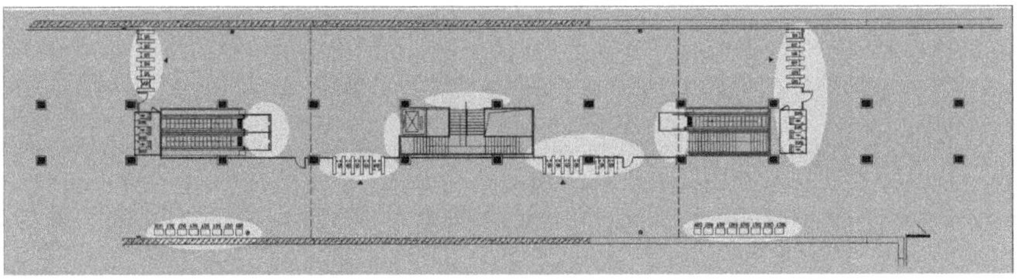

图 5-13　南京地铁 2 号线标准站站厅层重要节点示意图

资料来源：马亮提供

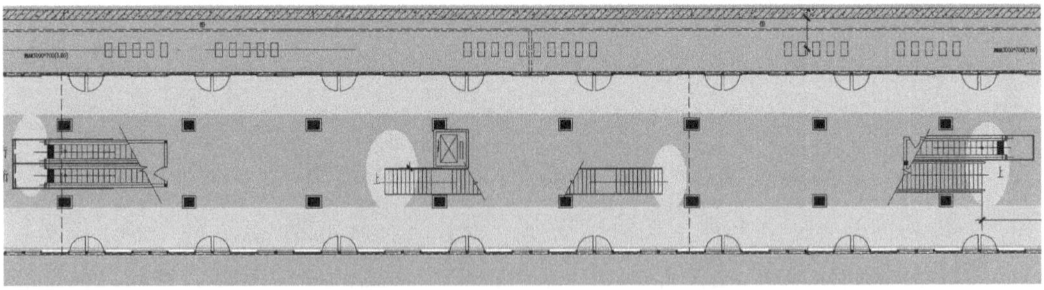

图 5-14　南京地铁 2 号线标准站站台层重要节点示意图

资料来源：马亮提供

图 5-15　南京地铁 2 号线标准站站厅层广告墙灯光示意图

资料来源:马亮提供

4) 自然光引入

照明节能的最好方式是引入自然光,一方面自然光取之不尽、用之不竭;另一方面,自然光照明绿色环保,有利于人的健康。在我国,地上建筑的设计规范中已有明确的采光标准,而地铁站(地下站)设计并没有明确的要求,主要原因是埋深较大的地铁站引入自然光的难度较大,而埋深较浅的车站上方,很多并不具备自然采光条件。对于有采光条件的,将自然光引入地下空间不仅有利于节约人工照明能耗,也会从心理上消除乘客在地下空间中产生的压抑感,巴黎地铁 14 号线就是一个很好的例子,自然光的引入为该地铁线赢得了较好的口碑和美誉。南京地铁 2 号线在引入自然光方面做了很好的示范作用,如前文所述,17 座地下站中,有 3 座车站的顶部设计了采光天井,并通过采光中庭将站厅与站台打通,自然光充满了车站的公共空间(图 5-16)。透过采光顶,即使身处地下,乘客也能时刻感知室外环境的变化。从节能角度看,即便是采光最不利的冬季全阴天,在自然光照射区域,上午 8 时至下午 5 时之间也不需要开启人工照明,即地铁全天运行的时间内,有一半时间是不需要开启人工照明的。

5.4　本章小结

本章以南京地铁 2 号线公共空间概念设计为例,在简要介绍南京地铁 2 号线概况的基础上,首先阐述了该案例的设计定位,然后从界面设计和照明设计两个方面深入探讨了站点空间节约型设计的具体构思,主要内容如下:

(1) 背景介绍。主要介绍了南京地铁 2 号线的起止区位、车站数量及重点站、特色站、换乘站和标准站的分布情况,2 号线从东至西与 1 号线十字交汇,构筑了南京市轨道交通的雏形。

图 5-16　南京地铁 2 号线所街站采光中庭效果图

资料来源:笔者设计、水晶石绘制

(2) 设计定位。在深入考察了国内多条地铁线、翻阅国外地铁站设计资料并分析相关案例优缺点的基础上,从延续 1 号线设计理念、"一线一景"和整体设计三个方面提出了本案的节约型设计定位。

(3) 设计构思。从界面设计和照明设计两个方面探讨了本案的节约型设计构思:界面设计构思主要包括顶面、墙柱面的材料选用和模数设计以及顶面的免开口设计和设备集成四方面的内容;照明设计包括照度分级、动态照明、非均质照明和自然光引入四方面的内容。

基于设计实践,结合具体案例,本章从理论高度对设计实践过程进行了归纳与诠释。节约型设计是系统性工程,从原材料生产到运输、安装、维护,直至废弃物利用,整个生命周期都应是设计师思考的内容，而本案例主要从建设和运行维护角度思考了节约型设计，仅涉及了生命周期的部分内容，就系统性的角度看是不完善的。因而，以相关理论为指导，以设计实践为基础，如何更全面地从生命周期视角探索节约型设计方法应是未来继续研究的方向。

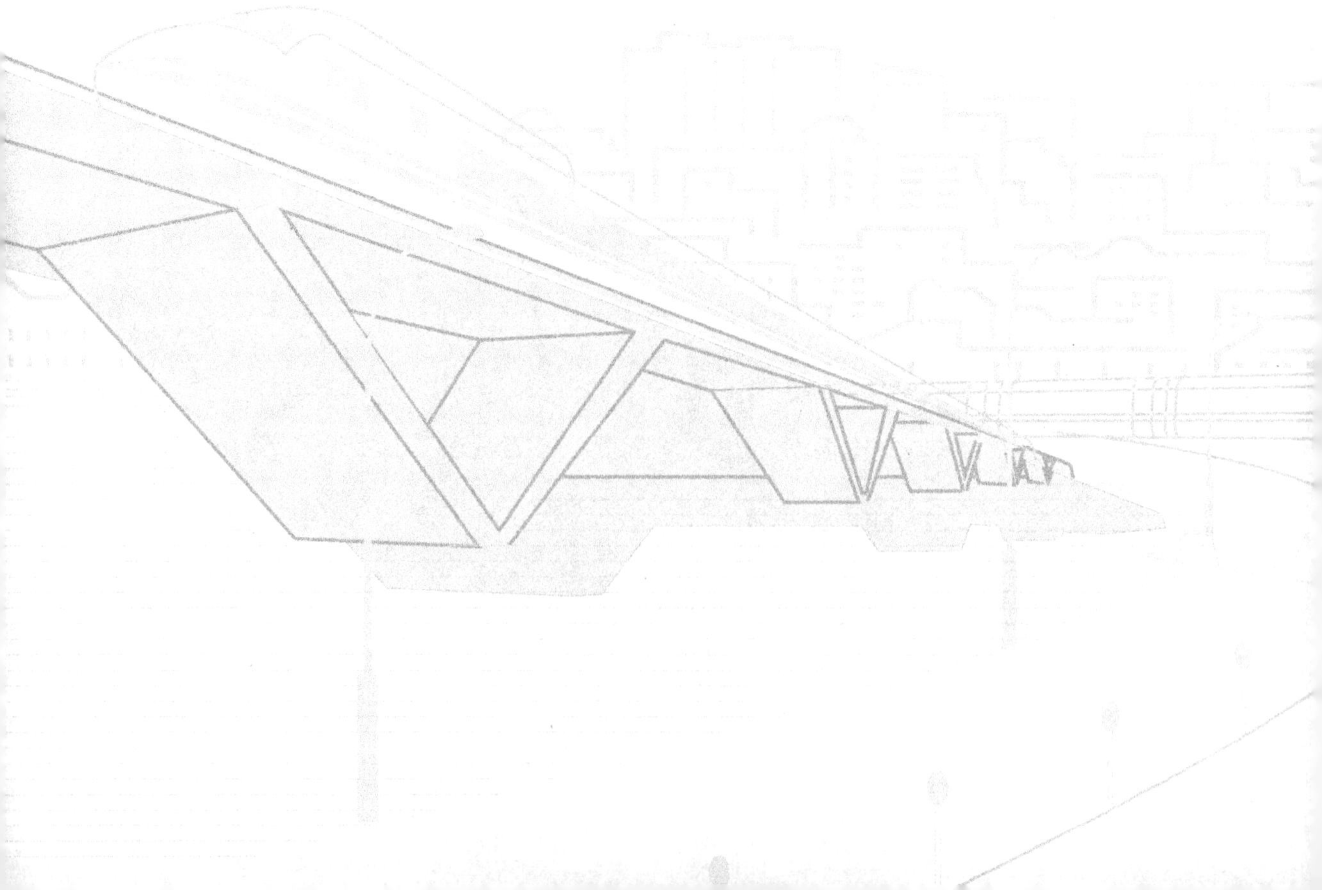

第六章

结论与展望

6.1 研究结论

针对我国地铁车站空间现状，基于问题及成因分析，本书从节约型设计的视角探讨了地铁车站空间的设计原则，研究了界面设计与照明设计的基本策略，并将部分理论应用于南京地铁 2 号线室内公共空间概念设计项目。通过研究，获得主要结论如下。

（1）通过调研分析，发现我国地铁车站空间各界面装饰材料使用情况如下：顶面使用最多的是铝制材料，特别是铝板，使用量较大；墙面材料选择范围较广，但从实际使用情况看，墙面材料以价格较高的金属板为主（包括搪瓷钢板和铝单板），在价格上有一定优势的墙砖、马赛克等使用量较少；柱面基本同墙面，金属板的使用比例略高于墙面；地面材料选择余地较小，近些年建设的地铁站，绝大多数使用花岗岩，少数使用地砖。

（2）从界面材料的使用现状可以发现，我国地铁车站界面设计现存两大问题：一是界面设计选材过于追求档次。特别是墙面，盲目选用高档材料的问题比较突出，选材的经济性、实用性不足。二是界面设计的材料堆砌感强。由于我国地铁站设计与施工一般采用先结构后装修的模式，导致界面设计与土建设计泾渭分明，特别是顶面几乎成了遮蔽管线设备的美化设计，材料堆砌感明显。另外，个别车站还存在过度设计的问题，界面设计过于复杂，标准化程度低，不利于材料的加工、安装和更换。

（3）通过调研分析，发现我国地铁车站空间照明现状如下：在照度分布上，无论站厅、站台，还是通道，不同车站的照度值差别比较大，照度值符合《城市轨道交通照明》（GB/T 16275—2008）标准的不足一半，多数车站高于或低于标准，个别存在照度过高或过低的情况。在照明方式上，车站站厅层基本采用均质照明方式，少数采用明显的分区一般照明。站台层相反，多数采用分区一般照明，但约有半数的分区照明在分区照度值上差别过大。在光源使用上，我国的地下车站引入自然光照明的非常少，以人工照明为主，人工光源里，荧光灯使用量最大，LED次之，金卤灯少量使用。在其他方面，个别车站的照明设计与广告灯箱照明冲突，少数车站依然存在照明方式不当和直接眩光的问题。

（4）基于照明现状，从节约型设计角度而言，可以发现我国地铁车站空间照明设计存在如下4个问题：一是照度设计混乱，分区一般照明的照度差过大，多数车站未按相关照明标准进行规范的照度设计；二是无论一般照明还是分区一般照明，都存在照明过于均质化的现象，均质化的照度并不完全符合轨道交通建筑的实际需求；三是缺乏对自然光的有效利用，对新型人工光源LED的使用量也偏少；四是个别车站照明的设计细节不完善。

（5）基于车站特性，结合相关理论，提出以下4项地铁车站空间的节约型设计基本原则：① “一线一景”设计原则。在比较“一站一景”和“一线一景”基本设计理念及节约效果的基础上，从文化性和可辨识性两方面讨论了车站设计采用“一线一景”设计原则的必要性，并总结了“一线一景”设计主题提取的3种方法。② 标准分级设计原则。依据相关车站分级理论，基于室内设计的视角，提出了地铁车站分级的方法与标准，探讨了“车站标准分级”设计原则与“一线一景”设计原则相结合的必要性。③ 整体性设计原则。对于车站工程涉及专业较多易产生矛盾的问题，提出以整体性的思维方式和设计方法应对，在分析整体性设计内涵的基础上，从建筑主体设计与室内设计关系及相关专业设计与室内设计关系两方面探讨了车站空间设计基于整体性原则的操作方法。④ 适宜性设计原则。适宜性设计是对“度”的准确把握，需要客观的评价标准。在分析相关评价标准的基础上，引入了“实用、形式、意义”为评价设计适宜性的三原则，并结合对地铁车站功能的分析，提出车站设计应以“实用”为主、“形式与意义”为辅。

（6）基于发现的问题，在节约型设计原则指导下，提出以下5项车站空间的节约型界面设计策略：① 装饰体系的标准化、模块化设计策略。在介绍标准化、模块化基本概念的基础上，基于节约的视角，从设计、采购、建造、更换、回收5个环节比较了标准化、模块化设计相对于传统设计的优势，并结合当前现状，论述了地铁车站空间标准化、模块化设计的流程及操作方法。② 装饰界面选材的综合比较设计策略。从耐久性、耐磨性、防火性、防潮性、经济性等几个方面总结了地铁车站对材料特性的基本要求，基于这些特性，对比了地铁车站常用装饰材料的优缺点，进而提出了按站点选材和按部位选材两种节约型设计选材策略。③ 展示建筑形态美的设计策略。从材质、形式、意蕴三方面分析了形态的概念，并提出建筑形态美包括结构形态美与材质形态美，它们优于装饰之美。结合国内外设计实例，探讨了两种展示建筑形态美的方法，即以建筑形态为展示主体和以建筑形态为展示背景。④ 体现管线技术美的设计策略。蓬皮杜艺术中心的设计启示我们，将车站的管线与设备合理整合，有序排列，管线、设备本身的秩序之美和技术之美就能呈现出来。结合设计实例，以展示管线为主旨，主张车站吊顶采用与之适应的无吊顶模式和极简吊顶模式。⑤ 顶面被动优化设计策略。针对我国车站常规吊顶模式，从 3 方面提出了优化设计方法：一是通过整合管线、设备，提升车站空间净高度；二是通过局部无吊顶设计，避免顶面开孔，解决设备终端悬挂的问题；三是采用可开启式吊顶，方便设备检修、维护。

(7) 基于发现的问题，在节约型设计原则指导下，提出以下 4 项车站空间的节约型照明设计策略：① 充分利用自然光的设计策略。在介绍巴黎地铁 14 号线采光设计的基础上，探讨了站厅、站台与车站出入口引入自然光的途径与方法；从主动采光的角度，讨论了将导光管应用于车站照明的前景及可行性，并分析了车站引入光导系统存在的困难及应对措施。② 优选照明光源的设计策略。在比较地铁车站 3 种常用光源(荧光灯、金卤灯和 LED)基本性能及优缺点的基础上，从光效和使用寿命方面重点分析了不同型号荧光灯在节约性能上存在的差异，并从经济效益、使用寿命、技术革新和智能调光 4 个方面探讨了 LED 在地铁车站应用的优势及前景。③ 规范、非均质的照度设计策略。面对我国地铁车站照度设计混乱的现状，在阐述照度对照明节能意义的基础上，强调了《城市轨道交通照明》(GB/T 16275—2008)标准的重要性，并从专业人员介入、照度文件审查及项目变更照度重新计算 3 个方面提出了规范照度设计的主要措施；在分析公共空间均质照明存在不足的基础上，提出了灵活使用照明规范，按车站等级及车站具体功能设计相应照度的非均质照明设计策略，同时将广告照明纳入照度设计。④ 合理采用照明控制方式、实施动态照明的设计策略。在介绍手动控制、自动控制和智能控制 3 种控制方式优缺点的基础上，分析了不同控制方式在地铁车站空间的适用范围，进而阐述了实施分时段动态照明对照明节能的重要意义，并对比自动照明控制技术，探讨了智能控制在人性化、安全性、智能调光及场景照明方面的综合优势，特别是智能调光方面，将智能控制技术与LED光源相结合，可实现对光源明暗的实时控制，能最大限度地节省能源。

(8) 结合南京地铁2号线公共空间概念设计项目，探讨了将节约型设计原则与策略应用于设计实践的操作方法，具体如下：① 背景介绍。主要介绍了南京地铁2号线的起止区位、车站数量及重点站、特色站、换乘站和标准站的分布情况。② 设计定位。在深入考察了国内多条地铁线、翻阅国外地铁站设计资料并分析相关案例优缺点的基础上，从延续1号线设计理念、“一线一景”和整体设计三个方面提出了2号线的节约型设计定位。③ 设计构思。从界面设计和照明设计两方面探讨了2号线的节约型设计构思：界面设计构思主要包括顶面、墙柱面的材料选用和模数设计以及顶面的免开口设计和设备集成四方面的内容；照明设计包括照度分级、动态照明、非均质照明和自然光引入四方面的内容。

6.2　创新之处

1) 研究视角的创新

由文献综述可知，国内外对地铁车站空间设计的研究主要集中在人性化、艺术化、文化性、地域性、技术性等几个方面，缺乏将节约型理念与车站空间设计相结合的研究。个别文献虽然对车站的节约型设计问题有所涉及，但基本呈片段化、碎片化状态，整体性和系统性较弱。本书将节约型理念引入地铁车站空间设计，基于车站特性和现实的问题，从车站空间设计原则、界面与照明设计策略及应用方面全面系统地构建地铁车站空间的节约型设计理论，此研究视角有一定的创新性。

2) 研究内容的创新

本书研究内容由调研与分析、设计原则与策略和设计实践与应用三部分构成。研究内容创新主要体现在设计原则与策略部分，以第一手的调研资料为基础，在已有相关理论的基础上，结合实践经验，创新性地构建、完善和深化了地铁车站空间的节约型设计理论，且部分内容与观点创新性较强，具体如下：(1) 在车站分级原则的研究上，基于室内设计视角，提出了重点站、一般重点站和标准站的分级方法和标准；(2) 在适宜性原则研究上，提出了“以实用为主，形式和意义为辅”的适宜性设计评价标准；(3) 在界面选材综合比较策略研究上，总结出了地铁车站对材料特性的基本要求，并在分析常用材料优缺点的基础上，提出了按站点选材和按部位选材两种节约型设计选材策略；(4) 在体现管线技术美的策略研究上，明确提出了地铁车站的管线与设备具有秩序美和技术美的观点，并以此为基础主张车站吊顶可采用无吊顶模式和极简吊顶模式；(5) 在照度设计策略研究上，提出了基于车站标准和车站具体功能的非均质照明设计策略和基本操作方法。

6.3 展望

本研究主要基于室内设计的视角探索了地铁车站的节约型设计问题，依据问题及成因，提出了具有针对性的应对策略。由于各种客观条件及团队研究能力的限制，本研究还有待进一步完善。

笔者认为，策略研究的目的是为了解决问题，但解决问题的效果如何，需要通过一系列实际工程进行验证。本研究虽然通过南京地铁 2 号线项目初步应用了部分理论成果，但在项目的数量上略显单薄，有些策略也没有在该项目中体现，实证的目的并未完全达到。因此，在后续研究中，重点是将本研究的初步成果在实际项目中推广，在不断的应用过程中发现问题，进而修正、调整、完善相关理论。

社会是不断进步的，轨道交通业也会继续发展，一些新的问题也会随着时空的变迁而出现，轨道交通站点空间研究涉及的范围也会不断扩展。因而，本书的完成不代表研究的终止，轨道交通站点空间设计、节约型设计、车站界面与照明的设计等课题将会是笔者继续深入探索与研究的方向，以期对我国建设资源节约型、环境友好型社会尽微薄之力。

参考文献

[1] Jones L. Environmentally responsible design[M]. New York: John Wiley & Sons, Inc, 2008.

[2] 林宪德.绿色建筑[M].北京:中国建筑工业出版社,2011.

[3] 姚润明,李百战,丁勇,等.绿色建筑的发展概述[J].暖通空调,2006,36(11):27-32.

[4] 张建国,谷立静.我国绿色建筑发展现状、挑战及政策建议[J].中国能源,2012,34(12):19-24.

[5] 许鹏,殷荣欣,朱亚明,等.美国建筑节能研究总览[M].北京:中国建筑工业出版社,2012: 24.

[6] 住房和城乡建设部科技发展促进中心.中国建筑节能发展报告2010[M].北京:中国建筑工业出版社,2011: 1.

[7] 王逸松.国外城市轨道交通建设及其对我国发展轨道交通的启示[J].铁道通信信号,2000,36(1):32-34.

[8] 刘仲,顾保南,孙世超,等.2014年中国城市轨道交通运营线路统计和分析——中国城市轨道交通"年报快递"之二[J].中国城市轨道交通研究,2015(1):1-6.

[9] 梁宁慧,刘新荣,曹学山,等.中国城市地铁建设的现状和发展战略[J].重庆建筑大学学报,2008,30(6):81-85.

[10] 李晓松.对城市轨道交通可持续发展的思考[J].城市交通,2006,4(2):6-10.

[11] 李兴高.降低造价 建设节约型城市轨道交通——中国社科院学部委员、中国工程院院士李京文专访[J].都市快轨交通,2006,19(5):4-5.

[12] 魏小红，刘子建. 节约型设计的构建思想与方法[J]. 包装工程，2006，27(2)：257-259.

[13] 谢崇桥，曹汝平，姚克难. 节约型设计之辨[J]. 艺术与设计(理论)，2008(5)：21-23.

[14] 杨晓斌，杨林. 20 世纪设计思想的演进 设计思想的演进——基于绿色设计到生态设计再到可持续设计的表述[J]. 生态经济(学术版)，2014(2)：60-63.

[15] 俞孔坚，李迪华，吉庆萍. 景观与城市的生态设计：概念与原理[J]. 中国园林，2001(6)：3-10.

[16] 刘新. 可持续设计的观念、发展与实践[J]. 创意与设计，2010(7)：36-39.

[17] GB/T 50833—2012 城市轨道交通工程基本术语标准 [S]. 北京：中国建筑工业出版社，2012.

[18] 周浩明. 可持续室内环境设计理论[M]. 北京：中国建筑工业出版社，2011.

[19] Bodna P, Sosnowchik F K. Sustainable commercial interiors[M]. New York: John Wiley & Sons, Inc, 2007.

[20] 洛丽・丹尼斯. 绿色室内设计[M]. 尹豑，译. 济南：山东画报出版社，2012.

[21] 来增祥. 可持续发展与室内设计：兼谈绿色室内环境的营造[J]. 室内设计与装修，1998(5)：16-18.

[22] 郑曙旸. 绿色设计之路——室内设计面向未来的唯一选择[J]. 建筑创作，2002(10)：34-40.

[23] 高金锁. 绿色设计・科技进步・文化发展——中国现代室内设计的可持续发展方向刍议[J]. 新建筑，2000(6)：67-69.

[24] Hayles, Carolyn S. Enviromentally sustainable interior design: a snapshot of current supply of and demand for green, sustainable or Fair Trade products for interior design practice [J]. International Journal of Sustainable Built Environment, 2015, 4(1): 100-108.

[25] Kang, Mihyun. The analysis of environmentally sustainable interior design practice[D]. Minneapolis: The University of Minnesota, 2004.

[26] 陈易，薛天，王良. 室内空间低碳化设计原则[J]. 住宅科技，2014(10)：27-29.

[27] 周浩明.生态室内环境设计——一种可持续发展的设计[J].室内设计与装修,2006(3):52-53.

[28] 陈历渝,杨韵儒.基于3R理念之绿色室内设计创意策略与方法[J].华侨大学学报(哲学社会科学版),2014(1):169-175.

[29] 袁镔,邹瑚莹.室内生态设计探讨[J].室内设计与装修,1999(5):74-76.

[30] 肖金媛.可持续发展的室内生态设计观[J].华中建筑,2006,24(7):127-129.

[31] Jessie L Preston. Green/Sustainable design in interior design and architectural practices in southeast Texas[D]. Beaumont: Lamar University, 2006.

[32] Shaimaa EI-Ghobashy, Gihan Mosaad. Improving sustainability concept in developing countries: Nature influences on architecture interior designs[J]. Procedia Environmental Sciences, 2016, 34:573-581.

[33] 王芳.节约设计:创造健康室内环境[J].南京工程学院学报(社会科学版),2007,7(4):24-26.

[34] 单炜.室内陈设艺术中的生态设计构想[J].美术观察,2009(5):109.

[35] 任艾英.室内绿化设计研究[J].山西农业科学,2008,36(8):59-61.

[36] Alkhalidi, Abdulsamad. Sustainable application of interior spaces in traditional houses of the United Arab Emirates[J]. Procedia - Social and Behavioral Sciences, 2013, 102:288-299.

[37] Sage Calamari, Karen H Hyllegard. An exploration of designers' perspectives on human health and environmental impacts of interior textiles[J]. Calamari and Hyllegard Textiles and Clothing Sustainability, 2016, 29:2-16.

[38] 王立雄.建筑照明节能的新途径[J].照明工程学报,2004,15(4):20-22.

[39] Aman M M, Jasmon G B, Mokhlis H, et al. Analysis of the performance of domestic lighting lamps[J]. Energy Policy, 2013,52:482-500.

[40] Linhart F, Scartezzini J L. Evening office lighting: Visual comfort vs. energy efficiency vs. performance? [J]. Building and Environment, 2011, 46(5): 981-989.

[41] Moreno T, Pérez N, Reche C, et al. Subway platform air quality: Assessing

the influences of tunnel ventilation, train piston effect and station design[J]. Atmospheric Environment, 2014,92:461-468.

[42] Rajabis, Behairy S. Benchmarking energy management systems in metro stations[J]. Procedia Engineering; 2016,145:1088-1095.

[43] 章明. 巴黎地铁空间设计新理念[J]. 时代建筑,2000(4):22-24.

[44] 董玉香. 俄罗斯地铁站地下空间人性化设计[J]. 建筑学报,2004(11):79-81.

[45] 陈易. 剖析蒙特利尔地铁车站的室内设计[J]. 广东建筑装饰,1996(5):22-26.

[46] 吴晓,施梁. 斯德哥尔摩的"地下艺术长廊"浅析——以地铁站点的艺术陈设设计为例[J]. 华中建筑,2007,25(7):122-134.

[47] 张艺馨. 视错觉在地下公共空间设计中的应用——以"慕尼黑地铁站"为例[J]. 艺术与设计(理论版),2015(5):87-89.

[48] 顾硕. 上海地铁 10 号线装修设计总结与反思[J]. 科技信息,2011(18):707.

[49] 中央美术学院地铁设计小组. 融平面艺术于空间设计的探索——北京地铁奥运支线、机场线的创意[J]. 美术,2010(1):69-73.

[50] 刘弘,王彤亮. 北京地铁 10 号线地下公共空间室内概念设计综述[J]. 铁道标准设计,2008(12):50-52.

[51] 杨冬江. 从"都市前沿"到"都市绽放"——北京地铁 10 号线二期室内设计风格中的传承与创新[J]. 装饰,2012(5):73-75.

[52] 孙静,蔺宝钢,杨铭. 地域文化在地铁站空间设计中的应用研究——以西安、北京为例[J]. 华中建筑,2015(9):65-69.

[53] 陆伟伟,周颖,杨艳红,等. 城市地域文化在地铁站中的表达研究[J]. 城市轨道交通研究,2014(2):22-26.

[54] 郭晓芳,陈红. 地铁站空间环境无障碍设计研究[J]. 华中建筑,2014(10):60-63.

[55] 张建勋,韩宝明,许婷. 地铁车站乘客导向标志设计要点分析[J]. 城市轨道交通研究,2007(12):40-43.

[56] 罗玲玲,吴向阳,程皖宁. 深圳地铁车站空间高度最优设计研究[J]. 地下空间与工程学报,2011,7(3):413-417.

[57] 朱小雷. 形式重构的多样性:地铁站空间界面的可识别性设计[J]. 室内设计,

2005(1):10-15.
[58] 张力文. 心理学视域下的地铁空间设计研究[J]. 艺术评论,2011(6):101-104.
[59] 庄金迅,刘原. 浅谈影响城市地铁站照明能耗的照明标准[J]. 照明工程学报,2011,22(5):82-85.
[60] 张国碧,李家稳,郭建波,等. 我国地铁的发展现状及展望[J]. 山西建筑,2010,36(33):13-15.
[61] 杨冰. 地铁建筑室内设计[M]. 北京:中国建筑工业出版社,2006.
[62] 郭晓阳,王占生. 地铁车站空间环境设计[M]. 北京:中国水利水电出版社,2014.
[63] 梁宁慧,刘新荣,曹学山,等. 中国城市地铁建设的现状和发展战略[J]. 重庆建筑大学学报,2008,30(6):81-85.
[64] 孙小琴. 地铁发展的系统分析[J]. 系统工程,1999,17(6):72-75.
[65] 曾智超,林逢春. 城市轨道交通对城市人口迁移的作用[J]. 城市轨道交通研究,2005(2):19-23.
[66] 张仕雄. 轨道交通在武汉城市圈发展中的作用分析[J]. 铁道运输与经济,2008,30(9):20-53.
[67] 申圆圆,陈爱侠. 浅议轨道交通建设对西安城市发展的作用[J]. 现代城市轨道交通,2007(1):48-50.
[68] 刘丹. 地铁车站公共区空间环境布置探讨[J]. 城市轨道交通研究,2013(8):18-23.
[69] 单庆超. 城市轨道交通人流运动建模及仿真[D]. 北京:北京交通大学,2009.
[70] 唐明,贾洪飞,杨丽丽. 城市轨道交通车站站台行人交通特性[J]. 城市交通,2010,8(4):47-51.
[71] 聂英杰. 城市轨道交通的客流特性分析[J]. 地下工程与隧道,2003(4):20-23.
[72] 童林旭. 地下建筑学[M]. 北京:中国建筑工业出版社, 2012.
[73] 席天宇. 中国城市地铁站声环境设计策略研究[D]. 哈尔滨:哈尔滨工业大学,2008.
[74] 马龙,权伟,秦银刚. 天津地铁地下空间声环境测量研究[J]. 天津建设科技,2015,25(6):52-54.

[75] 叶晓江,连之伟,蒋淳潇,等.上海地铁站台环境质量分析[J].建筑热能通风空调,2009,28(5):61-63.

[76] 吉迪恩·S·格兰尼,尾岛俊雄.城市地下空间设计[M].许方,于海漪,译.北京:中国建筑工业出版社,2011:11.

[77] 束昱,彭芳乐.地下空间环境对人的心理影响及设计对策[J].地下空间,1990,10(4):289-295.

[78] 孙清军,李伟,陆诗亮.创造优质地下商业心理环境——地下商业空间方位感的建立[J].哈尔滨建筑大学学报,2000,33(4):83-88.

[79] 毛翠萍.广州地铁 2 号线车站装修的共性与个性[J].都市快轨交通,2005,18(2):47-51.

[80] 张磊."一线一景"的设计思考——北京地铁 8 号线车站室内设计[J].现代城市轨道交通,2011(S1):44-45.

[81] 金磊,彭建,柳昆,等.城市地铁车站分类理论及方法研究[J].地下空间与工程学报, 2010, 6(10):1339-1342.

[82] 陈永昌,苏宏志.建筑与室内的一体化设计——室内设计与建筑设计的关系及室内设计过程[J].室内设计,2005(1):2-9.

[83] 吴良镛.广义建筑学[M].北京:清华大学出版社,1989.

[84] 杜宏武,王国光.岭南建筑学派的整体观与整体设计方法初探[J].南方建筑,2014(1):94-98.

[85] 曾祥远.过渡中的过度设计——再谈设计的适度原则[J].艺术与设计(理论),2010(8):7-9.

[86] 秦颖.地铁站空间设计中地域性文化元素适度性运用研究——以成都地铁 3 号线红牌楼站空间设计为例[D].成都:西南交通大学,2013:5.

[87] 舒波,肖凌志.从两个设计实例谈科技孵化楼的适宜性表达[J].华中建筑,2012,30(2):68-70.

[88] 李宁.建筑聚落介入基地环境的适宜性[D].杭州:浙江大学,2008: 4.

[89] 张嗣龙.标准化与模块化设计[J].精密制造与自动化,1989(2):31-33.

[90] 童时中.模块化研究及实践的现状和发展[J].电子机械工程,2011,27(2):1-8.

[91] 苏华,马天生.南京地铁机场线车站整体装饰研究[J].都市快速交通,2015,28(3):84-88.

[92] 蒋善江,张群.浅谈烤瓷铝板的应用前景[J].中国建材科技,2012(6):86-88.

[93] 杜一鸣.沈阳地铁装修最高标准 1 500 元/m^2[N].沈阳日报,2009-7-24 (03).

[94] 程泰宁,王大鹏.通感、意向、建构:浙江美术馆建筑创作后记 [J].建筑学报,2010(6):66-69.

[95] 杨子葆.世界经典城铁建筑[M].北京:新知三联书店,2006.

[96] 刘先觉.现代艺术殿堂的室内外艺术——蓬皮杜文化艺术中心访问记 [J].室内设计与装修,2005(3):108-109.

[97] 王舸.线性元素的造型艺术:当代语境下对蓬皮杜艺术中心视觉形象的重新解读[J].华中建筑,2014(9):20-24.

[98] 王爱英,时刚.天然采光技术新进展[J].建筑学报,2003(3):64-66.

[99] 刘虹,赵建平.绿色照明工程实施手册[M].北京:中国环境科学出版社,2011.

[100] 沈天行.天然采光的未来[J].建筑学报,1992,3(2):92-96.

[101] 暴伟,宗复芃,赵建平,等.地下空间采光及导光系统的现状及应用展望[J].照明工程学报,2009,20(1):64-68.

[102] 王凡,龙惟定.太阳能光导管采光技术应用现状和发展前景[J].建筑科学,2008,24(8):109-113.

[103] 段然,王楠,杨春宇,等.地铁台站光导照明系统研究[J].灯与照明,2014,38(1):11-14.

[104] M·戴维·埃甘,维克多·欧尔焦伊.建筑照明[M]. 袁樵,詹庆旋,译.北京:中国建筑工业出版社,2006.

[105] 王丹.商店常用照明光源节能性及环保性研究[D].重庆:重庆大学,2006:36.

[106] 解辉,蔡波,杜彬彬,等.办公照明工程设计指南[M].北京:人民邮电出版社,2011:28.

[107] 龙潭.深圳地铁蛇口线绿色照明设计[J].都市快轨交通,2012,25(3):100-103.

[108] 钟炯生,葛鹏,王洪.大功率 LED 照明光学设计及在地铁照明的应用[J].中国照明电器,2013(8):11-16.

[109] 赵忠超. 室内设计视角下办公空间的照明节能研究[D]. 南京:东南大学,2014.

[110] 俞丽华. 电气照明[M]. 上海:同济大学出版社, 2011:125.

[111] 解辉,蔡波,杜彬彬,等. 办公照明工程设计指南[M]. 北京:人民邮电出版社, 2011:323.

[112] 孙德新. 办公大楼智能照明控制应用探讨[J]. 河南科技,2013(2):117.

[113] 王月华. 城市轨道交通智能照明系统设计[J]. 城市轨道交通研究,2012(8):108-111.

[114] 黄勇. 现在未来的年轻人拿什么引以为豪[N]. 江南时报,2011-9-20(04).

[115] 仇惠栋. 明年南京地铁将有 8 条线同建,未来 22 条地铁线站点初定[N]. 扬子晚报,2012-12-4(04).

附录

A 地铁车站空间界面材料使用现状调查表

A1 地铁车站站厅层

序号	站点名称	顶面	墙面	柱面	地面
1	北京地铁 6 号线慈寿寺站	铝方管	金属板	金属板	花岗岩
2	北京地铁 6 号线北海站	铝板、铝方管	大理石	金属板	花岗岩
3	北京地铁 6 号线南锣鼓巷站	铝方管、铝板	墙砖	金属板、大理石	花岗岩
4	北京地铁 6 号线花园桥站	铝板	金属板	金属板	地砖
5	北京地铁 10 号线泥洼站	铝板	金属板	金属板	花岗岩
6	北京地铁 10 号线大红门站	铝板	金属板	金属板	花岗岩
7	北京地铁 10 号线牡丹园站	铝板(间隔使用)	金属板	金属板	地砖
8	北京地铁 10 号线金台夕照站	铝板	金属板	—	地砖
9	北京地铁亦庄线宋庄站	铝板	墙砖	金属板、烤漆玻璃	花岗岩
10	北京地铁亦庄线小红门站	铝板	墙砖	金属板	地砖
11	北京地铁 5 号线磁器口站	铝板(间隔使用)、铝方管	金属板	金属板	花岗岩
12	北京地铁 4 号线北宫门站	铝方管	花岗岩	花岗岩、马赛克	花岗岩
13	北京地铁 8 号线北土城站	铝板	墙砖	墙砖	地砖
14	北京地铁 8 号线奥体中心站	铝板	墙砖	金属板	地砖

续 表

序号	站点名称	顶面	墙面	柱面	地面
15	北京地铁 8 号线奥林匹克公园站	铝板	墙砖	金属板	地砖
16	北京地铁 8 号线西小口站	铝方管、铝板	花岗岩	金属板	地砖
17	北京地铁 9 号线六里桥东站	铝板、丝网金属板	墙砖	金属板	花岗岩
18	北京地铁 9 号线白堆子站	铝板、丝网金属板	墙砖	金属板	花岗岩
19	北京地铁 14 号线七里庄站	金属板	金属板	—	花岗岩
20	北京地铁 14 号线大井站	铝圆管、铝板	墙砖	金属板	花岗岩
21	杭州地铁 1 号线龙翔桥站	铝方管、金属板	金属板	金属板	花岗岩
22	杭州地铁 1 号线凤起路站	铝圆管、金属板、丝网金属板	金属板	金属板	花岗岩
23	杭州地铁 1 号线武林广场站	铝方管、丝网金属板	金属板	金属板	花岗岩
24	杭州地铁 1 号线西湖文化广场站	铝板、铝方管	金属板	金属板	花岗岩
25	杭州地铁 1 号线杭州东站	铝板、铝方管	金属板	金属板	花岗岩
26	上海地铁 10 号线南京东路站	铝圆管	金属板	金属板	花岗岩
27	上海地铁 7 号线东安路站	铝方管	金属板	金属板	花岗岩
28	上海地铁 7 号线静安寺站	铝方管	金属板	金属板	花岗岩
29	上海地铁 7 号线后滩站	铝方管、铝板	金属板	金属板	花岗岩
30	上海地铁 2 号线静安寺站	铝格栅	金属板	金属板	花岗岩
31	上海地铁 2 号线人民广场站	铝板、铝挂片	金属板	金属板	花岗岩
32	上海地铁 2 号线南京东路站	铝板、铝格栅	金属板	金属板	大理石
33	上海地铁 8 号线耀华路站	铝挂片	金属板	金属板	花岗岩
34	上海地铁 8 号线中华艺术宫站	铝板、铝挂片	金属板	金属板	花岗岩
35	上海地铁 8 号线大世界站	铝板、钢架	金属板	金属板	花岗岩
36	上海地铁 8 号线人民广场站	铝方管、铝圆管	金属板	金属板	花岗岩
37	上海地铁 12 号线提篮桥站	铝圆管	金属板	金属板	花岗岩
38	上海地铁 12 号线巨峰路站	无吊顶	金属板	金属板	花岗岩

续 表

序号	站点名称	顶面	墙面	柱面	地面
39	上海地铁 12 号线江蒲公园站	铝圆管	金属板	金属板	花岗岩
40	上海地铁 4 号线大连路站	铝圆管、铝方管	金属板	金属板	花岗岩
41	上海地铁 13 号线真北路站	铝挂片	金属板、花岗岩	金属板	花岗岩
42	上海地铁 13 号线丰庄路站	铝挂片	金属板、花岗岩	金属板	花岗岩
43	上海地铁 11 号线交通大学站	铝圆管	金属板	金属板	花岗岩
44	上海地铁 11 号线徐家汇站	铝圆管	金属板	金属板	花岗岩
45	上海地铁 11 号线龙耀路站	无吊顶	金属板	金属板	花岗岩
46	上海地铁 11 号线御桥站	铝方管	金属板	金属板	花岗岩
47	上海地铁 9 号线肇嘉浜站	铝方管	金属板	金属板	花岗岩
48	苏州地铁 1 号线养育巷站	铝板、铝方管	金属板	金属板、马赛克	花岗岩
49	苏州地铁 1 号线相门站	铝板、铝方管	金属板	金属板、马赛克	花岗岩
50	南京机场线南京南站	铝板、铝方管	金属板	金属板	花岗岩

A2 地铁车站站台层

序号	站点名称	顶面	墙面	柱面	地面
1	北京地铁 6 号线慈寿寺站	铝板	金属板	金属板	地砖
2	北京地铁 6 号线北海站	铝板、铝方管	大理石	金属板	花岗岩
3	北京地铁 6 号线南锣鼓巷站	铝方管、铝板	墙砖	墙砖、大理石	花岗岩
4	北京地铁 6 号线花园桥站	铝板	金属板	金属板	地砖
5	北京地铁 10 号线泥洼站	铝板	花岗岩	金属板	花岗岩
6	北京地铁 10 号线大红门站	铝板	金属板	金属板	花岗岩
7	北京地铁 10 号线牡丹园站	铝板	金属板	金属板	地砖
8	北京地铁 10 号线金台夕照站	铝方管	金属板	—	地砖
9	北京地铁亦庄线宋庄站	铝板	墙砖	金属板、烤漆玻璃	花岗岩
10	北京地铁亦庄线小红门站	铝板	墙砖	金属板	地砖
11	北京地铁 5 号线磁器口站	铝板(间隔使用)	花岗岩	金属板	花岗岩

续 表

序号	站点名称	顶面	墙面	柱面	地面
12	北京地铁4号线北宫门站	铝方管	花岗岩	花岗岩、马赛克	花岗岩
13	北京地铁8号线北土城站	铝板	墙砖	金属板	地砖
14	北京地铁8号线奥体中心站	异形铝板	金属板	金属板	地砖
15	北京地铁8号线奥林匹克公园站	铝板	金属板	金属板	地砖
16	北京地铁8号线西小口站	铝方管、铝板	花岗岩、马赛克	金属板	地砖、花岗岩
17	北京地铁9号线六里桥东站	铝板、丝网金属板	金属板	金属板	花岗岩
18	北京地铁9号线白堆子站	铝板、丝网金属板	金属板	金属板	花岗岩
19	北京地铁14号线七里庄站	金属板	金属板	—	花岗岩
20	北京地铁14号线大井站	铝圆管、铝板	花岗岩	金属板	花岗岩
21	杭州地铁1号线龙翔桥站	铝方管、金属板	金属板	金属板	花岗岩
22	杭州地铁1号线凤起路站	铝圆管、金属板	金属板	金属板	花岗岩
23	杭州地铁1号线武林广场站	铝方管	金属板	金属板	花岗岩
24	杭州地铁1号线西湖文化广场站	铝板	金属板	金属板	花岗岩
25	杭州地铁1号线杭州东站	铝板、铝方管	金属板	金属板	花岗岩
26	上海地铁10号线南京东路站	铝圆管	金属板	金属板	花岗岩
27	上海地铁7号线东安路站	铝方管	金属板	金属板	花岗岩
28	上海地铁7号线静安寺站	铝方管	金属板	金属板	花岗岩
29	上海地铁7号线后滩站	铝方管、铝板	金属板	金属板	花岗岩
30	上海地铁2号线静安寺站	铝挂片	金属板	金属板	花岗岩
31	上海地铁2号线人民广场站	铝板	金属板	金属板	花岗岩
32	上海地铁2号线南京东路站	铝板、铝格栅	金属板	金属板	大理石
33	上海地铁8号线耀华路站	铝挂片、铝板	金属板、烤漆玻璃	金属板	花岗岩
34	上海地铁8号线中华艺术宫站	铝板	金属板、烤漆玻璃	金属板	花岗岩
35	上海地铁8号线大世界站	铝板、钢架	花岗岩、烤漆玻璃	金属板	花岗岩

续 表

序号	站点名称	顶面	墙面	柱面	地面
36	上海地铁 8 号线人民广场站	铝方管、铝圆管	金属板、烤漆玻璃	金属板	花岗岩
37	上海地铁 12 号线提篮桥站	铝圆管	金属板	金属板	花岗岩
38	上海地铁 12 号线巨峰路站	无吊顶	金属板	金属板	花岗岩
39	上海地铁 12 号线江蒲公园站	铝圆管	金属板	金属板	花岗岩
40	上海地铁 4 号线大连路站	铝圆管、铝方管	金属板	金属板	花岗岩
41	上海地铁 13 号线真北路站	铝挂片	花岗岩	金属板	花岗岩
42	上海地铁 13 号线丰庄路站	铝挂片	花岗岩	金属板	花岗岩
43	上海地铁 11 号线交通大学站	铝圆管	金属板	金属板	花岗岩
44	上海地铁 11 号线徐家汇站	铝圆管	金属板	金属板	花岗岩
45	上海地铁 11 号线龙耀路站	无吊顶	金属板	金属板	花岗岩
46	上海地铁 11 号线御桥站	铝方管	金属板	金属板	花岗岩
47	上海地铁 9 号线肇嘉浜站	铝方管	金属板	金属板	花岗岩
48	苏州地铁 1 号线养育巷站	铝板、铝方管	金属板	金属板、马赛克	花岗岩
49	苏州地铁 1 号线相门站	铝板、铝方管	金属板	金属板、马赛克	花岗岩
50	南京机场线南京南站	铝板、铝方管	金属板	金属板	花岗岩

B 地铁车站空间平均照度调查表

B1 地铁车站站厅层

序号	站点名称	测点 A 照度（Lx）	测点 B 照度（Lx）	测点 C 照度（Lx）	平均照度（Lx）
1	北京地铁 6 号线慈寿寺站	171	137	88	132
2	北京地铁 6 号线北海站	92	53	41	62
3	北京地铁 6 号线南锣鼓巷站	495	402	258	385
4	北京地铁 6 号线花园桥站	321	166	158	215
5	北京地铁 10 号线泥洼站	338	199	189	242

续 表

序号	站点名称		测点 A 照度（Lx）	测点 B 照度（Lx）	测点 C 照度（Lx）	平均照度（Lx）
6	北京地铁 10 号线大红门站		150	97	71	106
7	北京地铁 10 号线牡丹园站		68	63	37	56
8	北京地铁 10 号线金台夕照站		59	53	35	49
9	北京地铁亦庄线宋庄站		44	35	26	35
10	北京地铁亦庄线小红门站		31	19	16	22
11	北京地铁 5 号线磁器口站	纵向柱间	151	127	118	132
		纵向柱墙间	610	353	312	425
12	北京地铁 4 号线北宫门站		215	171	88	158
13	北京地铁 8 号线北土城站		118	75	62	85
14	北京地铁 8 号线奥体中心站		71	61	42	58
15	北京地铁 8 号线奥林匹克公园站		145	106	79	110
16	北京地铁 8 号线西小口站		203	151	102	152
17	北京地铁 9 号线六里桥东站		358	205	184	249
18	北京地铁 9 号线白堆子站		245	164	137	182
19	北京地铁 14 号线七里庄站		640	365	261	422
20	北京地铁 14 号线大井站		231	138	87	152
21	杭州地铁 1 号线龙翔桥站		109	73	52	78
22	杭州地铁 1 号线凤起路站		161	90	73	108
23	杭州地铁 1 号线武林广场站		153	100	62	105
24	杭州地铁 1 号线西湖文化广场站		121	70	58	83
25	杭州地铁 1 号线杭州东站		89	56	41	62
26	上海地铁 10 号线南京东路站		121	106	88	105
27	上海地铁 7 号线东安路站		161	131	92	128
28	上海地铁 7 号线静安寺站		112	71	63	82
29	上海地铁 7 号线后滩站		164	148	102	138
30	上海地铁 2 号线静安寺站		630	505	425	520
31	上海地铁 2 号线人民广场站		164	112	69	115
32	上海地铁 2 号线南京东路站		151	100	73	108

续 表

序号	站点名称		测点 A 照度（Lx）	测点 B 照度（Lx）	测点 C 照度（Lx）	平均照度（Lx）
33	上海地铁 8 号线耀华路站	纵向柱间	248	231	181	220
		纵向柱墙间	418	375	263	352
34	上海地铁 8 号线中华艺术宫站	圆形大厅	339	230	166	245
		其他区域	126	85	53	88
35	上海地铁 8 号线大世界站		570	424	326	440
36	上海地铁 8 号线人民广场站		241	140	105	162
37	上海地铁 12 号线提篮桥站		296	231	148	225
38	上海地铁 12 号线巨峰路站		268	171	131	190
39	上海地铁 12 号线江蒲公园站		275	183	106	188
40	上海地铁 4 号线大连路站		230	139	99	156
41	上海地铁 13 号线真北路站		318	271	191	260
42	上海地铁 13 号线丰庄路站		382	287	201	290
43	上海地铁 11 号线交通大学站		255	173	142	190
44	上海地铁 11 号线徐家汇站	纵向柱间	97	53	45	65
		纵向柱墙间	148	100	88	112
45	上海地铁 11 号线龙耀路站	纵向柱间	521	433	306	420
		纵向柱墙间	345	289	206	280
46	上海地铁 11 号线御桥站		207	199	134	180
47	上海地铁 9 号线肇嘉浜站		175	121	94	130
48	苏州地铁 1 号线养育巷站		203	162	109	158
49	苏州地铁 1 号线相门站	纵向柱间	91	70	55	72
		纵向柱墙间	194	156	103	151
50	南京机场线南京南站		421	318	275	338
51	南京地铁 1 号线鼓楼站	纵向柱间	85	84	80	83
		纵向柱墙间	220	140	120	160
52	南京地铁 1 号线三山街站		128	103	73	101

B2　地铁车站站台层

<table>
<tr><th>序号</th><th colspan="2">站点名称</th><th>测点 A 照度(Lx)</th><th>测点 B 照度(Lx)</th><th>测点 C 照度(Lx)</th><th>平均照度(Lx)</th></tr>
<tr><td>1</td><td colspan="2">北京地铁 6 号线慈寿寺站</td><td>225</td><td>122</td><td>88</td><td>145</td></tr>
<tr><td rowspan="2">2</td><td rowspan="2">北京地铁 6 号线北海站</td><td>候车区</td><td>241</td><td>145</td><td>109</td><td>165</td></tr>
<tr><td>休息区</td><td>179</td><td>155</td><td>122</td><td>152</td></tr>
<tr><td>3</td><td colspan="2">北京地铁 6 号线南锣鼓巷站</td><td>305</td><td>251</td><td>164</td><td>240</td></tr>
<tr><td rowspan="2">4</td><td rowspan="2">北京地铁 6 号线花园桥站</td><td>候车区</td><td>251</td><td>185</td><td>122</td><td>186</td></tr>
<tr><td>休息区</td><td>168</td><td>119</td><td>91</td><td>126</td></tr>
<tr><td rowspan="2">5</td><td rowspan="2">北京地铁 1 号线公主坟站</td><td>候车区</td><td>223</td><td>122</td><td>96</td><td>147</td></tr>
<tr><td>休息区</td><td>309</td><td>279</td><td>192</td><td>260</td></tr>
<tr><td rowspan="2">6</td><td rowspan="2">北京地铁 1 号线木樨地站</td><td>候车区</td><td>188</td><td>103</td><td>84</td><td>125</td></tr>
<tr><td>休息区</td><td>334</td><td>279</td><td>227</td><td>280</td></tr>
<tr><td rowspan="2">7</td><td rowspan="2">北京地铁 10 号线公主坟站</td><td>候车区</td><td>91</td><td>69</td><td>41</td><td>67</td></tr>
<tr><td>休息区</td><td>175</td><td>128</td><td>102</td><td>135</td></tr>
<tr><td>8</td><td colspan="2">北京地铁 10 号线泥洼站</td><td>305</td><td>257</td><td>218</td><td>260</td></tr>
<tr><td rowspan="2">9</td><td rowspan="2">北京地铁 10 号线大红门站</td><td>候车区</td><td>123</td><td>77</td><td>61</td><td>87</td></tr>
<tr><td>休息区</td><td>89</td><td>53</td><td>44</td><td>62</td></tr>
<tr><td rowspan="2">10</td><td rowspan="2">北京地铁 10 号线海淀黄庄站</td><td>候车区</td><td>65</td><td>47</td><td>41</td><td>51</td></tr>
<tr><td>休息区</td><td>84</td><td>68</td><td>49</td><td>67</td></tr>
<tr><td rowspan="2">11</td><td rowspan="2">北京地铁 10 号线牡丹园站</td><td>候车区</td><td>78</td><td>70</td><td>53</td><td>67</td></tr>
<tr><td>休息区</td><td>71</td><td>58</td><td>45</td><td>58</td></tr>
<tr><td rowspan="2">12</td><td rowspan="2">北京地铁 10 号线北土城站</td><td>候车区</td><td>209</td><td>171</td><td>121</td><td>167</td></tr>
<tr><td>休息区</td><td>106</td><td>78</td><td>62</td><td>82</td></tr>
<tr><td>13</td><td colspan="2">北京地铁 10 号线金台夕照站</td><td>223</td><td>190</td><td>103</td><td>172</td></tr>
<tr><td rowspan="2">14</td><td rowspan="2">北京地铁亦庄线宋庄站</td><td>候车区</td><td>106</td><td>87</td><td>62</td><td>85</td></tr>
<tr><td>休息区</td><td>58</td><td>48</td><td>32</td><td>46</td></tr>
<tr><td rowspan="2">15</td><td rowspan="2">北京地铁亦庄线小红门站</td><td>候车区</td><td>189</td><td>131</td><td>103</td><td>141</td></tr>
<tr><td>休息区</td><td>98</td><td>89</td><td>62</td><td>83</td></tr>
</table>

续 表

序号	站点名称		测点 A 照度（Lx）	测点 B 照度（Lx）	测点 C 照度（Lx）	平均照度（Lx）
16	北京地铁 5 号线宋庄站	候车区	361	246	233	280
		休息区	352	222	206	260
17	北京地铁 5 号线磁器口站	候车区	191	164	104	153
		休息区	152	143	101	132
18	北京地铁 5 号线东单站	候车区	227	153	109	163
		休息区	192	140	124	152
19	北京地铁 4 号线北宫门站	候车区	205	123	98	142
		休息区	121	98	75	98
20	北京地铁 8 号线北土城站		142	98	81	107
21	北京地铁 8 号线奥体中心站	候车区	103	74	51	76
		休息区	131	95	68	98
22	北京地铁 8 号线奥林匹克公园站	候车区	47	27	22	32
		休息区	123	96	75	98
23	北京地铁 8 号线西小口站	候车区	126	88	71	95
		休息区	224	158	132	168
24	北京地铁 9 号线六里桥东站	候车区	356	264	172	264
		休息区	318	247	191	252
25	北京地铁 9 号线七里庄站	候车区	354	185	166	235
		休息区	267	195	162	208
26	北京地铁 9 号线白堆子站	候车区	223	132	101	152
		休息区	187	119	99	135
27	北京地铁 14 号线七里庄站		583	435	287	435
28	北京地铁 14 号线大井站	候车区	152	94	69	105
		休息区	167	156	91	138
29	杭州地铁 1 号线龙翔桥站	候车区	146	127	93	122
		休息区	69	60	44	58

续 表

序号	站点名称		测点 A 照度（Lx）	测点 B 照度（Lx）	测点 C 照度（Lx）	平均照度（Lx）
30	杭州地铁 1 号线凤起路站	候车区	163	104	87	118
		休息区	123	92	79	98
31	杭州地铁 1 号线武林广场站	候车区	121	83	60	88
		休息区	88	68	51	69
32	杭州地铁 1 号线西湖文化广场站	候车区	99	81	57	79
		休息区	72	41	34	49
33	杭州地铁 1 号线杭州东站	候车区	69	55	32	52
		休息区	56	31	24	37
34	上海地铁 10 号线虹桥火车站	候车区	68	51	37	52
		休息区	39	26	19	28
35	上海地铁 10 号线虹桥站		118	88	61	89
36	上海地铁 10 号线南京东路站	候车区	174	165	96	145
		休息区	139	94	88	107
37	上海地铁 7 号线东安路站	候车区	167	133	96	132
		休息区	145	90	83	106
38	上海地铁 7 号线静安寺站	候车区	214	150	122	162
		休息区	205	132	107	148
39	上海地铁 7 号线后滩站	候车区	147	90	81	106
		休息区	191	160	105	152
40	上海地铁 7 号线耀华路站	候车区	147	90	81	121
		休息区	191	160	105	168
41	上海地铁 7 号线高科西路站	候车区	131	90	55	92
		休息区	62	53	41	52
42	上海地铁 2 号线静安寺站	候车区	168	144	93	135
		休息区	148	94	82	108
43	上海地铁 2 号线人民广场站	候车区	105	80	61	82
		休息区	102	70	44	72

续 表

序号	站点名称		测点 A 照度(Lx)	测点 B 照度(Lx)	测点 C 照度(Lx)	平均照度(Lx)
44	上海地铁 2 号线南京东路站	候车区	121	92	75	96
		休息区	108	88	59	85
45	上海地铁 8 号线耀华路站(侧式)	候车区	491	414	253	386
		休息区	389	335	212	312
46	上海地铁 8 号线中华艺术宫站	候车区	169	102	83	118
		休息区	79	48	41	56
47	上海地铁 8 号线大世界站	候车区	484	356	246	362
		休息区	93	65	46	68
48	上海地铁 8 号线人民广场站	候车区	198	164	94	152
		休息区	294	211	155	220
49	上海地铁 8 号线曲阜路站	候车区	383	275	212	290
		休息区	235	177	128	180
50	上海地铁 12 号线曲阜路站	候车区	431	302	257	330
		休息区	265	207	158	210
51	上海地铁 12 号线天潼路站(侧式)	候车区	394	368	228	330
		休息区	269	196	165	210
52	上海地铁 12 号线提篮桥站	候车区	284	235	171	230
		休息区	220	152	102	158
53	上海地铁 12 号线大连路站	候车区	341	225	184	250
		休息区	174	128	88	130
54	上海地铁 12 号线巨峰路站	候车区	366	288	231	295
		休息区	194	125	101	140
55	上海地铁 12 号线江蒲公园站	候车区	395	294	271	320
		休息区	186	110	94	130
56	上海地铁 4 号线大连路站	候车区	367	282	221	290
		休息区	230	182	128	180

续 表

序号	站点名称		测点 A 照度（Lx）	测点 B 照度（Lx）	测点 C 照度（Lx）	平均照度（Lx）
57	上海地铁 13 号线金沙江路站	候车区	334	245	201	260
		休息区	215	174	121	170
58	上海地铁 13 号线真北路站	候车区	413	306	241	320
		休息区	296	242	212	250
59	上海地铁 13 号线丰庄路站（单柱）	候车区	610	488	312	470
		休息区	321	258	171	250
60	上海地铁 11 号线曹杨路站	候车区	133	90	71	98
		休息区	81	58	47	62
61	上海地铁 11 号线交通大学站	候车区	335	290	215	280
		休息区	191	152	97	150
62	上海地铁 11 号线徐家汇站	候车区	169	124	91	128
		休息区	87	53	46	62
63	上海地铁 11 号线龙耀路站		523	418	289	410
64	上海地铁 11 号线三林站		234	210	126	190
65	上海地铁 11 号线御桥站	候车区	538	393	299	410
		休息区	294	207	159	220
66	上海地铁 6 号线上南站（侧式）		291	265	152	236
67	上海地铁 6 号线高青路站（单柱）		174	113	88	125
68	上海地铁 9 号线肇嘉浜站	候车区	181	123	92	132
		休息区	219	161	94	158
69	上海地铁 9 号线陆家浜站	候车区	234	150	102	162
		休息区	135	74	58	89
70	苏州地铁 1 号线养育巷站	候车区	196	151	94	147
		休息区	243	168	135	182
71	苏州地铁 1 号线相门站	候车区	229	186	119	178
		休息区	97	76	52	75

续 表

序号	站点名称		测点A照度(Lx)	测点B照度(Lx)	测点C照度(Lx)	平均照度(Lx)
72	苏州地铁2号线三香广场站	候车区	245	204	127	192
		休息区	459	343	263	355
73	南京机场线南京南站(侧式)		338	275	197	270
74	南京机场线翠屏山站	候车区	341	278	182	267
		休息区	322	283	163	256
75	南京地铁10号线临江站	候车区	243	188	136	189
		休息区	207	170	97	158
76	南京地铁1号线鼓楼站	候车区	161	147	113	140
		休息区	121	110	92	107
77	南京地铁1号线三山街站	候车区	152	127	100	126
		休息区	168	145	118	143
78	南京地铁二号线集庆门大街站		95	63	47	68
79	南京地铁二号线圆通站	候车区	111	81	78	90
		休息区	96	66	48	70

注:候车区指岛式站台两侧的候车带区域,候车带之间的区域为休息区。

B3 地铁车站通道

序号	站点名称		测点A照度(Lx)	测点B照度(Lx)	测点C照度(Lx)	平均照度(Lx)
1	北京地铁6号线北海站		334	248	198	260
2	北京地铁6号线南锣鼓巷站	进站通道	219	162	105	162
		换乘通道	617	345	298	420
3	北京地铁6号线花园桥站		229	201	116	182
4	北京地铁1号线公主坟站		174	134	88	132
5	北京地铁10号线金台夕照站		208	164	105	159
6	北京地铁4号线北宫门站		124	94	67	95
7	北京地铁13号线知春路站		69	49	38	52
8	杭州地铁1号线龙翔桥站		107	94	54	85

续　表

序号	站点名称	测点 A 照度(Lx)	测点 B 照度(Lx)	测点 C 照度(Lx)	平均照度(Lx)
9	上海地铁 10 号线南京东路站	181	161	93	145
10	上海地铁 7 号线静安寺站	71	51	34	52
11	上海地铁 13 号线金沙江路站	189	134	106	143
12	南京地铁 1 号线鼓楼站	310	265	146	240